演说思维

开启演说训练工具化

铁军 ● 著

中国商业出版社

图书在版编目（CIP）数据

演说思维：开启演说训练工具化 / 铁军著. -- 北京：中国商业出版社，2023.10
ISBN 978-7-5208-2613-6

Ⅰ.①演… Ⅱ.①铁… Ⅲ.①演讲—语言艺术 Ⅳ.①H019

中国国家版本馆CIP数据核字(2023)第169708号

责任编辑：杜 辉

（策划编辑：佟 彤）

中国商业出版社出版发行
（www.zgsycb.com 100053 北京广安门内报国寺1号）
总编室：010-63180647　编辑室：010-83118925
发行部：010-83120835/8286
新华书店经销
香河县宏润印刷有限公司印刷

*

710毫米×1000毫米　16开　13印张　140千字
2023年10月第1版　2023年10月第1次印刷
定价：68.00元

****

（如有印装质量问题可更换）

/ 前 言 /

如今，只要一谈到演说这项技能，很多人都会产生很多莫名的甚至是与生俱来的恐惧感。

例如，只要身边的人一提到上台演说，内心就忐忑不安，特别害怕；听到上台的通知后，整个人就都不好了，讲话语无伦次，不知道如何构建有效的表达逻辑，甚至变得手足无措。再如还有人跟我说："铁军老师，站在台上，如果前面没有讲台，我自己就很紧张，刚讲几句话就声音嘶哑、语气单薄、没有力量、没有穿透力，不能把自己的底气通过声音有效地传递给听众。"

其实，这些问题都是演说过程中需要突破的核心问题。那么，如何去解决这些问题呢？我们特地为大家设计了四大经典系列的演说基础工具课，可以称为"演说学习界的《新华字典》"，帮助大家从细节入手夯实演说实战基础能力。

在正式讲授四大经典系列课之前，我们先来了解一下演说的定义。演说到底是什么？很多人认为，演说就是站在台上讲话。其实，从演说的定义深度解剖一下，就能发现其含义远不止于此。

演说是指在公众场合，以有声语言为主要载体，以态势语言为辅助形式，达到传递信息、共情共鸣的一种语言交际方式。

本书通过演说的定义及围绕如何做好演说展开介绍，共包括6章，分别是演说的魅力、演说的恐惧、演说的逻辑、演说的肢体语言、演说的发声和会销演说实战。本书内容通俗易懂，实用性强，看完后相信你将不再恐惧当众讲话，变成一位人人羡慕的演说达人。

/ 目 录 /

第一章 演说的魅力

第一节　演说元认知，开启新思维 / 3

第二节　演说四境界，蜕变新人生 / 7

第三节　魅力演说，五人核心目标 / 17

第四节　演说四步骤，"装模作样" / 25

第二章 演说的恐惧

第一节　演说恐惧大揭秘 / 39

第二节　台上紧张身份坏 / 47

第三节　正面暗示喜剧片 / 52

第四节　热身演说能量满 / 56

第五节　上台忘稿支妙招 / 59

第六节　潇洒演说一对一 / 63

第七节　变态演说习惯成 / 67

第八节　充分准备需实战 / 71

第九节　专业修炼讲必成 / 77

第三章　演说的逻辑

第一节　演说逻辑深解读 / 85

第二节　一招演说有条理 / 88

第三节　词组表达意思明 / 93

第四节　论点演绎三步法 / 97

第五节　并列逻辑拓维度 / 100

第六节　递进关系挖深度 / 103

第七节　因果逻辑建关系 / 106

第八节　时间逻辑好总结 / 109

第九节　空间逻辑话好听 / 113

第十节　六字即兴脱口出 / 115

第十一节　万能公式江湖走 / 118

第十二节　知识讲解三步法 / 121

第四章　演说的肢体语言

第一节　肢体魅力神奇 3 密码 / 125

第二节　魅力台风一首诗，站出台上满气势 / 131

第三节　学习手势一招来，演讲台上是精彩 / 136

第四节　一笑倾国一个字，瞬间破冰满场是 / 140

第五节　演说互动眼手齐，观众听讲出神奇 / 144

第五章　演说的发声

　　第一节　发声的统一性魅力 / 149

　　第二节　去除口头禅，一招就见效 / 151

　　第三节　清晰发音，六个绕口令 / 157

　　第四节　韵味十足，只要四个字 / 160

　　第五节　三腔共鸣，演说更有力 / 164

　　第六节　腹式呼吸，底蕴更十足 / 166

第六章　会销演说实战

　　第一节　会销主持三部曲 / 171

　　第二节　开口问好能量满 / 177

　　第三节　开场三问动力足 / 180

　　第四节　讲师介绍分量足 / 183

　　第五节　五式模型建架构 / 185

　　第六节　对手分析有妙招 / 190

　　第七节　结尾成交连环计 / 193

结束语 / 197

第一章　演说的魅力

为什么学习演说？对于这个问题，很多人都带着一种与生俱来的偏见，觉得只有成功人士或领导才需要上台发表演说，自己根本就不需要。事实果真如此吗？回顾我的职业发展历程，以及经我辅导的大量职场人士，很多人都表示自己学习演说晚了，如果很早就拥有了这项能力，也许今天的职场境况会有天壤之别。为什么会有这样的感悟呢？因为多数人都有认知盲障，以为很多事情和自己无关，自己什么都懂了，其实还一直停留在表面，并未对事物进行深度的本质思考，也就是元认知。今天我们需要重新认知演说，开启演说元认知。

《道德经》是中国传统文化中的经典之一，构建了精深玄奥的思想体系，具有跨越时空的恒久价值，一直受到社会的高度重视，里面的名句很多人都知道，比如："道生一，一生二，二生三，三生万物"。演说的元认知，就是认知演说的"道"，掌握了这个"道"，才能发挥出演说在工作和生活中的最大效用。

第一节　演说元认知，开启新思维

| 演说是人类有史以来最高效、最有效果的沟通说服方式

演说是一种沟通说服方式，更是沟通说服的桥梁。

作为沟通的不同方式，演说和沟通的区别在于，沟通是一对一的交流，演说是一对多的沟通。而成功的沟通，是得到了自己想要效果的沟通。

所谓有效沟通就是，一方能让另一方轻松地明白他本来不明白的事情，也就是双方互相讲述、相互倾听。原本各自都了解的事情，就不是有效沟通，只是基本的交流。只有双方拿出自己懂的、对方不懂的来展现，沟通才是有效的。最重要的是，通过语言的表达，让对方理解他原来不懂的事情。而要想让对方在一无所知的情况下听明白，需要借助很多技巧和方法，演说就是其中之一。通过演说，就能在已知与未知之间搭起一座桥梁，让对方快速理解本来不懂的内容。

演说是一人与多人的沟通，是理性与感性的交融。站在讲台上，演说者可以像明星一样自带光环效应，开启影响力说服。

无论是在生活中，还是在工作中，多数人都希望自己能够随时随地开启影响力说服模式，这也是个人在组织中生存的基石。因为在组织中，个人要么被他人影响说服，要么影响说服他人！

"我们能够影响说服多少人，我们人生的成就就会有多大！"所以，只要有人的地方，就是讲台，就可以公开演说。克里斯·安德森，是TED现在的掌门人，他曾讲过一句话："如果你知道如何在饭桌上对一群朋友讲话，那么你就知道如何发表公众演说。"这句话给所有热爱演说的人增添了一份信心。同时，他也告诉我们，演说是一个非常生活常态化的交流方式，离我们并不遥远，并不是一件令人感到恐惧的事情，也不是只有在特定场景下才能进行。

| 如果此生只要学会一项能力，就能给我们的人生带来改变，那就是演说

利用IP打造个体崛起的时代，需要将演说的传统认知升级为当下时代的每个个体崛起的必备技能。传统的商业形态是"公司+雇员"，今天的商业形态是"平台+超级个体"。这里，社会是一个超级平台，平台上的每家公司和任何个体都可以通过演说借势崛起。

可以这样说，只要是生活在族群和组织中的个体，沟通就是核心的协作方式，而最好的、最高效的沟通方式就是演说，这也是认知演说的主要价值。

演说的作用在于让听众明白你的观点，并使他们认同这些观点。因此，作为管理者都应该学会利用演说来表达自己的观点或意见。对于企业领导或管理者来说，演说的对象不一定是很多人，可能是个别下属；演说的场所不一定是会场，也可能是在与下属沟通时。

演说的意义并不局限于演说本身，还可以改善口头表达能力，增强自信，提高反应能力。做到这些后，在对外交往和管理下属时，自己就能游刃有余。

管理者是企业单位或团体中的核心人物，其特殊的身份和职务决定了必须具备较高的综合素质。而在这些综合素质中，演说能力是重中之重。管理者是否会演说，直接决定着管理工作的绩效。

媒体化时代，用户和员工的边界越来越模糊，再加上社群和圈层林立，中小型企业的负责人或高管完全可以利用公司与社会平台，通过演说发布思想，传播专业知识，从而完成个体品牌的崛起。

简而言之，演说就是一种高势能降维打击的沟通说服方式。在具备这种能力的过程中，我们可以建立自信，激发潜能，拓展人脉，形成领袖魅力。就此，社群领袖诞生，个体真正崛起。

小节作业

"无练习，不演说"，本小节的作业如下：

自拟一份演说稿，任何主题都可以，先熟悉演说内容，然后在家里自己试着演说，看看自己敢吗？演说效果如何？如果让你当着公众的面演说，你又如何？

第二节　演说四境界，蜕变新人生

| 自信力量

我的一个学员是公司的行政主管。他专业能力很强，不管是自己的工作职责，还是领导安排的任务，他都做得很好。可是，他有一个缺点，就是当众讲话的时候容易紧张，总是发挥不好。

有一次，部门召开总结会，需要做份PPT，给大家当众报告。其他同事都讲得不错，轮到他的时候，他却异常紧张，整个演说过程，手心冒汗，大脑空白，前言不搭后语。领导当着众人的面批评了他，说他没有好好做准备。看到下属都比自己讲得好，他觉得很没面子。

他为此感到苦恼，向我咨询当众讲话的时候如何才能更自信、不紧张。

我问："当众讲话的时候，你为什么会紧张？"

他回答："我觉得自己不够自信，特别在意别人的看法，放不开，讲话不够果断。"

显然，他也知道自己的问题。只不过，他不知道该如何改变而已。

自信或信心，是成功后的一种良性情绪。上台演说，很多人之所以一直都找不到自信，主要是因为对他而言，没有任何成功演说的经验。那么，成功的演说者又是如何一步步地完成陌生挑战，学会演说的呢？

人类之所以能取得今天的众多文明成就，主要源于两个词：第一个词是勇气，第二个词是自信。某位亚洲首富曾经说过这样一句话："毫无依据的自信是一个人成功的基石。"毫无依据的自信，就是勇气。有了勇气，再付诸行动，也就有了依据和经验，之后才能产生良性情绪，这就叫自信。

| 切记：先有勇气，而后自信

凭借勇气获得成功，用成功奠定自信。当你一无所有时，需要的不是自信，而是勇气；当你有了一定影响力的时候，固然还需要勇气，但自信更重要（因为试错成本提高了），这就是自信力量的辩证逻辑。而上台演说就是一个人快速完成勇气与自信切换的过程。

为什么这样说呢？因为很多人都不知道，站在演讲台上，即使搞砸了，只要大声说一句："大家好，这是我的第一次公众演说，是我今天迈出的第一步，谢谢大家。"听众就会立刻鼓起热烈的掌声。演说失败了，为什么还会如此？因为只要站上了讲台，就已经算成功。

1973年，一家国际性研究机构对超过5,000名受访者做了一项关于恐惧事物的调研，最后得出一项结论：活在世上，让人类感到恐惧的，有几万种：第一，怕火；第二，怕高；第三，怕上台……位居第六位的是怕死。也就是说，无论讲得好不好，只要有勇气上台，就超越了面对死亡的勇气，就让人钦佩。

因此，在内心中，我们完全可以假想听众会说这样两句话：

"讲这么好，太棒啦。"

"讲这么差，还敢上，太牛了，勇气可嘉，钦佩。"

听众的鼓励可以给演说者以自信，现实中很多学员都是在听众的鼓励下逐步学会演说的。因此，学习演说时，千万不要有失败思维。什么是失败？莫过于自我意志的放弃。只要自己不放弃，就没人可以宣告你失败。

先有勇气，而后自信，只要能够看到自己的一点点进步，敢于迈向讲台的第一步，就进入了"小成功—自信—小成功—自信……"的正循环过程，久而久之，就能获得大成功。

从勇气到自信的正向循环，我把它称之为"自信飞轮"。

▎潜能无限

自信的飞轮一旦转动起来，我们就会进入开挂的人生状态，俗称"潜能激发"。这样的潜能主要体现在两个方面，具体如下：

（1）演说者会学会"吹牛"，站在舞台上会忍不住往自己脸上"贴金"。

家喻户晓的任正非是华为公司的创始人兼总裁，创业时他对创业干部说："以后你们如果要买房子，阳台一定要买大点。为什么阳台一定要买大点？因为赚的钱太多，怕长霉，要拿出来晒一晒。"这就是一种"吹牛"，但这种"吹牛"却能激发员工的斗志，创造出价值。

所以，在演说中一定要学会塑造价值。比如，想说服员工跟着你干，可以说："你到别人公司去干，我不保证你能成功；但你跟着我干，一定会成功，一定会赚更多钱，我能帮你实现自己的梦想和目标。"作为企业领导，讲话时一定要给人确定感。领导的讲话是对员工和公司这样一种产品的价值塑造，听了这样的话，员工多半都会心潮澎湃地跟着你干。在这种气氛下，领导的"吹牛"在将来极有可能会实现。

在公众场合时，向观众展示一个更加美好的自己，会形成一种"公众承诺"的潜能激发效应。那么，公众承诺是如何激发我们的潜能的？人是群体动物，每个人都希望维护好自己在群体中的正向印象，这也更有利于个体在群体中的协作，以及获得更多群体的帮助。个人群体信誉的破产，也就意味着未来人生的破产。所以，每一次对公众做出承诺，我们都会为了维护群体中的信誉而不顾一切地去达成。通俗点讲，就是人们常说的"脸面"，正如小时候经常说的"人要脸，树要皮"。

有一句话叫"为自己能力有限，为别人力量无穷"。自古以来，多少英雄豪杰，为了一份承诺，抛头颅洒热血。从深层次来讲，为别人的背后，其实就是舍弃了私利的小我，成就了大爱的大我。故而，不给小我留太多退路，就是潜能无限的核心所在。

作为演说者，站上讲台后无时无刻不在对公众承诺，无时无刻不在成就那个辉煌的大我。如此，才能影响和号召更多的人，才能成为人群中的领袖。

（2）进入高效输出式学习模式。突破了内心的障碍，开始大量演说时，为了保证持续输出，我们会迫切地需要大量的输入。就像我大学时，晚上宿舍熄灯后，我总会打着手电筒在被窝里学习记笔记，俨然一副备战高考的状态，为何如此呢？因为第二天我要去班上向同学们做一场演说分享，核心关键：输出倒逼输入。

当然，输入内容时要想达到高效输出的效果，需要掌握下面三点：

①话语模式转述。用自己的语言，将这段内容或这个知识点，精练、逻辑清晰地转述给他人。

②自我体系融合。想办法将输入的内容和自己原有的知识认知体系融合，形成新的原创内容体系。

③实践案例解析。用自己的实践案例，解释自己所转述的知识。

这三步，往往能取得一箭双雕的效果，既完成了对输入内容的消化，又创造了输出内容。就此，潜能自然会被激发出来。

|人脉圈层

演说是让陌生人在最短时间里认识你、了解你、信任你、崇拜你的最快、最有效的方式！一旦拥有了演说魅力，我们的人脉经营方式将会发生巨大变化，将会从原来的人情社交进入价值社交时代。

人情社交，"路遥知马力，日久见人心"，需要相处很久，才能产生交流合作。

价值社交，发挥演说魅力，展现自我高价值，让听众在短时间内产生对我们的深度价值认知，就能迅速推进合作。在我与他人合作关系推进中遵循这样一个原则："没听过我演说的人，不谈合作，因为你还不够了解我。"

有人说，我们一辈子能获得多少机会取决于一个重要的考量因素：就是每年我们认识多少新朋友。老话说得好"多个朋友多条路"，可实际结果是什么？在泛社交中，很多人只是一面之交，无法产生合作。所以，我倒觉得，与其去认识别人，不如换一种思维，让别人认识我。只有让更多的陌生人认识和了解我们，他们才会主动跟我们接触，给予合作机会，而我们需要做的却是一道选择题。正所谓"选择大于努力"，这样的人脉社交效率往往更高。

我的一个学员在企业当副厂长，一次讲完演说课的时候，他无限感慨："是啊！演说确实能让别人看到你！"然后，他就跟大家分享了自己在企业一路走来的经历：

刚进入企业时，我只是一名小小的统计员，在生产技术处当统计员。有一天，我接到一个电话，是正在外地出差的处长打来的，他让我去五楼会议室开会。到了会议室后我才知道，是党委宣传部召开的"企业品牌战略研讨会"。

当时，很多人已经就位，我找个地方坐下，然后向周围一看，吓了一跳，因为参加会议的不是处长，就是副处长，只有我一个新兵蛋子，甚至有些领导我还不认识。

会议开始后，大家开始发言，你一言我一语，发言很热烈。这时候，会议室的门突然打开，厂长走了进来，在后面找了个位子坐下。看到厂长，大家都比较紧张，顿时安静下来。时间大概持续了一分钟，不知道什么原因，主持人突然点了我的名字，让我发言。我立刻就被众人的目光包围了，我有点后悔，为什么不早点发言汇报呢？同时，我也有些埋怨这个坑我的主持人。厂长在听，说错了，怎么办？

我脑子蒙蒙的，但既然轮到我了，也只能"赶鸭子上架"。幸运的是，我正好在不久前看过一篇关于品牌塑造的文章，我回忆了一下文章的内容，就围绕品牌的"专业、专一、专注"方面进行了讲述。

五六分钟后，我结束了汇报发言。直到坐下，我还稀里糊涂的，但想到终于为处长交了差，我又感到一阵轻松。没想到，我刚汇报完，就听到了厂长的声音："你是哪个部门的？"

听到厂长的话，我以为自己出了什么问题，或者是发言跑题了，于是战战兢兢地站起来，说："生产技术处的。"然后默默想着，肯定是自己出错了，所以不管厂长说什么，自己都只能忍着。

我像鸵鸟一样，低着头，等待着领导的批评，结果却听到了这样的话："坐下吧，没什么事。"我才发现自己是虚惊一场。

这件事过去没多久，我就从生产技术处被调到了总办，当了秘书。后来我才知道，就是因为那次汇报，厂长觉得我有点才华，调过来锻炼锻炼。再后来，我通过自己的努力一路晋升，当了总办副主任、主任、副厂长。

直到现在，我还在感谢那次汇报！虽然不能说是那次汇报改变了我的人生，但那次汇报确实为我提供了一个新的机会与起点。我误打误撞地通过会议发言，获得了在大领导面前表现自己的机会。

注意力经济时代，"能见度"非常重要，而演说就是一个可以让众人认识你的好机会。

| 无冕之王

演说能够让我们成为无冕之王，此话从何说起？要回答这个问题，需要了解领导力的五个层级，下面我们就来做一个深入剖析：

第一层级，职位领导。

这是领导力的最低阶。职位领导带来的领导力跟个人能力毫无关系，是一种强权领导。如今的职场，年轻人已经走过了为生存而委曲求全的阶段，所以未来职位领导多半都会逐步消亡。

之前看过一则新闻，大意是：领导让一名新晋年轻员工下楼买盒饭，员工直接怼过去说："我是来工作实现自我价值的，不是来给你买盒饭的。"第二天，年轻人就直接辞职了。回想我们这个年代的人，遇到这样的事情，多半都会谄媚地立刻下楼，甚至饭钱都替领导垫付了。

第二层级，关系领导。

如同家长管教孩子一样，在上下级关系中，如果对方是你爸或闺密，这种领导就是弱关系管理，能将这种关系经营好，结果可能还不错；一旦这种关系出现问题，亲情或友谊的小船就翻了，工作效率就会明显降低，甚至导致整个工作的停滞。

我的一位学员是个企业家，与员工之间的关系维系得不错，团队工作状态也很好，可是如果内部出现关系冲突，工作就会陷入阶段性停滞状态，她自己也为此痛苦不已。

第三层级，成长领导。

所谓成长领导，就是别人跟在我们后面，能学到东西，获得成长。今天我们已经进入终身学习时代，成长甚至可以成为一辈子的引领。在老祖宗的师徒文化中，把这一点体现得淋漓尽致。徒弟跟着师父学习期间，有规有矩，徒弟会一辈子感念师父恩情，师徒打天下的佳话更是不绝于耳。

第四层级，人格领导。

人格领导，具有人格魅力，是一种人格崇拜，如同明星圈比较火的一个词"人设"一样。也就是说，我们用怎样的行为诠释自己是一个怎样的人？同时，这份"人设"能够让他人钦佩和追随。

人格领导，对个人自我修养的约束有较高要求。例如，在学员心中，我是一个非常有自制力和懂得坚持的人。

不过，想要成就这样的人设，着实不容易。一直以来，我都每天早上讲早课，至今已经坚持四年多时间了，未来还会继续坚持，无论身体舒服与否，无论工作多忙，我都没有间断过。很多学员和朋友对我的这一番作为表示发自内心的佩服，甚至愿意长期跟随。

第五层级，使命领导。

所谓使命领导，就是我们共同完成一项伟大的事业。委曲求全地为别人卖命，是一种旧社会的奴性思想，今天却很少有人会这样做。每个人都是独立的自由人，每个人都可以通过自己的努力去实现自我梦想。

使命领导会领导所有人的梦想，让你的梦想和别人的梦想成为同一个梦想，鼓励大家一起为了实现共同梦想而奋斗，由此，打工者思维逐渐消失，独立个体、独立创业者的思维随之崛起。

顺应这种大趋势，每个人都需要成为梦想领导者，把自己的梦想和使命变成众人共同的梦想和使命。做到了这件事，自然就成了无冕之王。

领袖魅力的崛起，正是实现三、四、五层领导力的集合体，这里我们需要回答下面三个问题：

（1）我能给大家带来什么样的专业分享？这是成长领导。

（2）我有哪些独特的人格魅力？这是人格领导。

（3）我能带领大家共同实现什么样的人生梦想？这是使命领导。

小节作业

"无练习，不演说"，本小节的作业如下：

想想看，你对自己目前的职位满意吗？如果不满意，原因出在哪里？是因为自己不会说话吗？是因为没有抓住表达自己的机会吗？如果是，那就赶快行动起来，提高自己的演说能力。要相信，未来的一天你总能遇到需要演说的场景。到那时候，你定能收到意想不到的结果。

第三节　魅力演说，五大核心目标

按照演说达到的基本目标，可以将演说大致分为"使人知""使人信""使人动""使人激""使人乐"五大类。

目标1：使人知

作为一家世界著名的饮料公司，可口可乐凭借独特的口感、强劲的广告宣传和完美的营销策略，将同行远远地甩在后面。可口可乐跻身世界500强，成了"美国精神"的象征。它之所以能获得如此多的殊荣，不可忽略的一个因素就是"人"。

可口可乐公司非常重视人才培训，也正是因为这个原因，所以聚集了大批独占鳌头的人才。总体来看，可口可乐公司的培训主要分为二个阶段，分别是基础培训、业务技能培训和管理技能培训。此外，还有团队协作方面的培训。一直以来，可口可乐公司都提倡员工和企业要同步发展，不偏重于任何一方，二者相辅相成。可口可乐鼓励员工主动提交培训需求，这样做的结果是员工自身发展不受局限，同时企业发展也不受局限。

可口可乐的培训是经常性、全员性和广泛性的，可以让全员感觉自己处在一个大家庭中，互相帮助，不分彼此。这种培训理念的形成，让每个受训者都能受益终身。尤其是对于新入职的员工，公司会安排经理，由他们担任培训师，进行人才培训，主要内容涉及入职培训、公司规章制度培训、企业文化培训和个人激励培训等。培训师一般都有着丰富的行业经验和专业知识，凭借过人的演说能力，让员工了解企业发展历史、发展状况、企业精神、管理系统、质量系统、生产系统、检验系统、人文文化、营销文化等。通过这种传统意义上的培训，新员工就能尽快投入到工作中，熟悉工作流程，点燃工作激情。

此外，各部门经理还会对员工进行业务技能培训，根据各岗位的工作需求对在岗人员进行业务技能培训。秉持着"干什么，学什么；缺什么，补什么"的培训方针，员工在岗的实际工作能力和劳动技能等都能得到提升，更好地满足岗位要求，适应公司的发展需求。

这里，可口乐可公司培训师进行员工培训的目的就是，让员工获得知识，提高对岗位和企业的认识，快速进入工作状态。

这是最基本的传递信息的演说，其目的是向听众说明、解释或阐明某一事理，使听众明白、了解演说者传递的各种信息。在这类演说中，演说者会利用一切技巧传递信息，不以支配听众的行为为目的。这种演说是其他各种类型的演说的基础。要实现演说的其他目的，就必须熟知这类演说的基本技巧和方法。

目标2：使人信

它是"使人知"演说发展到"使人动"演说的中间环节，是以"使人知"演说为前提和基础。因为只有听众明白、理解某种思想和观点，才能使听众接受这种思想和观点。

有这样一个具有代表性的案例，具体内容如下：

这天，某单位召开班前会，部门负责人不顾下属的颜面，对下属进行了公开批评。下属觉得很委屈，虽然心有不满，但顾及到负责人的颜面，很快就控制了这种情绪，他决定忍一忍，没有与其发生争执。

会议结束后，这位下属私下找到负责人，说到这件事。负责人见他怒气冲冲，便对他说："说你两句，你还长脾气了？年轻人要懂规矩，其实也没多大事，只不过让你背个锅而已。"

下属听后，按捺不住心中的愤怒，对负责人说："什么叫长脾气，什么叫不懂规矩，请你搞清楚，我没在会上当众顶撞你就已经很给你面子了。有什么了不起，大不了辞职不干！"

第二天，这位员工就毅然离职。这位负责人的所作所为很快就在公司传播开来，上级领导知道了这件事，批评了他。

作为管理者，在领导团队的过程中难免会遇到一些棘手的事情，比如，遇到不理解自己、与自己站在对立面的下属，想要改变这种局面，管理者除了以制度对下属进行约束外，最重要的是要懂得如何收服人心。而想要收服人心，最重要的一环就是与其进行沟通，要以理服人。

《孙子兵法》中曾说过："知己知彼，才能百战不殆。"打仗如此，说服人同样如此。作为管理者，想要更好地说服下属，必须对其有一定的了解，甚至明确有针对性的沟通内容，才能更好地达到说服效果。

为了以自己的演说来影响或改变听众的观点和信念，或者使听众在原有的基础上更加坚定，或者使听众建立新的观点和信念，演说者就要有很强的说服能力，使听众相信和接受某种事实和观点。

目标3：使人动

这是在前两种演说基础上产生的一种高级阶段的演说，目的是影响听众的举止，使之坐不住、跃跃欲试，与演说者挽臂同行，一起去做某事。在这类演说中，演说者首先要使听众明白和接受自己的思想和观点，再以呼吁的方式激励和鞭策听众投入战斗的行列。这种演说类型主要要求演说者具有宣传、鼓动的能力。

众所周知，只要是一个优秀的领导人，他的演说才能一定是相当卓越的，不管是以前还是现在。因为领导人需要统一大家的思想，缺少演说或表达能力，是无法做到这一点的。

目标4：使人激

在这类演说中，演说者的目的不是要影响和改变听众的观点，而是企图更强烈、更深刻、更动人地再现听众已经具有的思想、观点、感情和愿望等，使听众的思想感情得到进一步升华，从而受到鼓舞和激励。在这类演说中，演说者必须胜任听众的代言人，说出听众的心里话，喊出听众的心声，使听众由激动升华到欲行、欲动，真正能"使人动"。

《芈月传》是一部由演员孙俪主演的电视剧，2015年一经播出，就大获好评，赚足了大众的眼球。尤其是其中的很多台词和对话，都让人看得痛快，不得不感慨语言的力量，就连平时忙于工作而无暇看电视的我，也被深深吸引。当时这部电视剧热播，偶尔在工作之余，我也能听到同事的私下闲聊，却没有在意，一则是因为工作很忙，二则自认为这种古装剧都是一个套路，直到同事建议我看看芈月当太后后的一段激励演说。就这样，我看到了这段芈月为了收复军心而做的振奋人心的演说：

你们为什么要造反？朕当政，就真的有违天意？嬴华、甘茂等人的主张，就真的这么受人拥戴吗？

你们当初当兵必定不是为了造反，你们沙场浴血，卧冰尝雪，千里奔波，赴汤蹈火，为的不仅仅是效忠君王，保家卫国，更是为了让自己活得更好。让自己在沙场上挣来的功劳，能够荫及家人；为了能让自己建功立业，人前显贵。是，也不是！

今日站在这里的，都是大秦的佼佼者，你们是大秦的荣光，是大秦的倚仗，是，也不是？

我大秦曾经被人称为虎狼之师，令列国闻风丧胆。可就在前不久，五国陈兵函谷关外，可我们却束手无策，任人勒索宰割，这是为什么？我们的虎狼之师呢？我们的王军将士呢？都去哪了？

大秦的将士，曾经是大秦的荣光，可如今却是大秦的耻辱！

当敌人兵临城下的时候，你们不曾迎敌为国而战，却在王位相争中自相残杀，这就是你们的作为！

曾经，商君之法约定：只有军功才可授爵，无军功者不得授爵；有功者显荣，无功者虽富无所荣华；可有些人就是不愿意遵商法，要恢复旧制，所以才派人来杀我。你们也不情愿，也不想实行新法是吗？

为何你们站在了靠祖上余荫吃饭的旧族那边,自愿成为他们的鹰犬,助纣为虐,使得他们随心所欲,胡作为非!使得商君之法不能推行,兄弟相残,私斗成风。

你们的忠诚,不献给能够为你们提供公平、军功、荣耀的君王,却给了那些对你们作威作福,只能赏给你们残渣剩饭的旧族们,是吗?

将士们,我承诺你们!

从今以后,你们所付出的一切血汗,都能够得到回报。

任何人触犯秦法都将受到惩处!

秦国的一切,将是属于你们和你们儿女的!

今日我们在秦国推行这样的律例,他日,天下就有可能去推行这样的律例。

你们有多少努力就有多少回报,你们可以称为公士、为上造、为不更、为左庶长、为右庶长、为少上造、为大上造、为关内侯,甚至为彻侯,食邑万户!

你们敢不敢去争取?能不能做到?

在风卷云吞的战国时期,秦王嬴驷去世,秦国动荡不堪,芈月携幼子嬴稷历经万险千难,终于回到大秦。嬴稷登基,太后芈月掌权,但当时政权不稳、军心不齐,内忧外患不断,为了推行新政,芈月就有了这段荡气回肠的演说,收服了君臣之心,化敌为友,不费一兵一卒,就在朝野上下树立了威望。

目标 5.：使人乐

这类演说寓教育于娱乐之中，使听众在笑声中受到教育、受到启发、受到鼓舞、受到鞭策。当然，为了听众愿意接受演说者的观点并付之于行动，在前四类的演说里，也可以穿插一些幽默而富有趣味的内容，目的是活跃气氛、增加听众的兴趣。

在 2020 级研究生开学典礼上，西安交通大学校长王树国发表了一段演说，其语言风趣幽默，中气十足，引起一片掌声和大笑！

尊敬的各位来宾、老师，亲爱的同学们：

大家早上好！再次看到这么多年轻的面庞，我感到非常高兴和激动……我们交大正是一个追逐梦想的地方，一个文化传承的地方，一个有灵魂的地方……

这个时代给了我们很多机会，让很多年轻人能够脱颖而出。我们学校有一位老师，绰号叫"盒饭教授"，他没有任何物质利益所求，默默地为社会服务。他在遥远的云南省，利用大数据技术造福大众。他的行动、精神、业绩感动了社会，被相关部门评为英雄模范，云南省请他组建大数据研究中心。这就是我们交大人，他知道自己的价值所在，他知道自己的追求所在，他了解社会发展之需求。在解决社会问题的过程中，让自己的聪明才智得到了淋漓尽致的发挥，这就是价值。

"盒饭教授"虽然是同学给老师起的绰号，但用在这里，着实令人忍俊不禁。

▎小节作业

"无练习,不演说",本小节的作业如下:

假设领导交给你们部门一项任务,需要你们在规定的时间内保质保量地完成,你作为部门经理,如何动员部门成员一起努力?如果有人没有热情,工作态度不积极,你又会如何说服?试着针对这个主题拟一份演说稿,然后练习一下,感悟自己演说时的语气和情绪,看看能否激励人?

第四节　演说四步骤，"装模作样"

"装模作样"明确了演说学习需要经历的四个重要的阶段。

|装

这里的"装"，就是装在心里，因为只有心中无敌，才能无敌于天下。关于"装"的理解，可以分两个层次进行，具体如下：

（1）渴望度。对事物的渴望度，是"装"的第一个层次。鲁迅先生曾说过："世上本无路，走的人多了，才有了路。"同样，还有一句话，大家都耳熟能详，它就是"条条大路通罗马"。可见，世界上并不缺路，缺少的是探路的决心和渴望。因此，要想提高演说效果，就要将"演说"装在内心，提高对演说的渴望度。

①渴望传播知识和信息。问问自己，你想要将一些重要信息传递给他人，使他人从中获得益处吗？如果这是你的渴望，那么就可以进行演说，告诉他们：你能为他们传递哪些知识、能够提供什么帮助。

②渴望让大家被娱乐。问问自己，你想让平时忙于工作的人获得片刻的欢愉吗？你想让情绪不佳的人从这种境况中走出来吗？如果你强烈地

想，那么就去演说吧。给人们讲些有趣的事、可笑的事、滑稽的事……或者进行一些有趣的游戏或活动，使人们获得快乐的感受。

③渴望说服他人。问问自己，你想说服他人吗？想让别人信服你吗？想让他人崇拜你吗？如果是，那么就学习一下演说，通过学习演说练就逻辑清晰的语言，丰富多样的证据，投入真情实感，让他人获得你的感召。

④渴望激励他人。问问自己，你想要激励下属吗？想要激励客户吗？想要激励家人或朋友吗？如果是，那么就要进行这样的演说，将听众内心深处巨大的潜力和斗志激发出来，使他们在热情的推动下，立刻行动起来去做某件事。

⑤渴望培养和训练他人。问问自己，你想让他人接受训练，继而获得某方面的技能吗？想让他人学得专业知识吗？如果是，那么就要通过演说，将必要的培训内容告诉对方，比如员工的岗前培训。

以上就是演说者的"渴望"。如果你也有这样的渴望，那么就要去学习一下演说了。

（2）内在思维。有了探路的决心，还需要具备探路的能力，明确前行的方向。简而言之就是"脑子里有思想，肚子里有货，心中有梦"。这是"装"的第二个层次，即思维认知、知识储备、实战经验。要想将演说讲得生动有效果，就要从上面第二层次的三个维度熟悉你所讲的课题领域。

①思维认知。对这个领域自己要有独到的见解。这些内容会令听众耳目一新，让对方对你另眼相看；而有了这些东西，演说才会有灵魂，才能属于你。而要想具备这种学识，就要成为一个思考者，不仅熟知这个领

域，还有比听众更深刻的认知。事实证明，任何领域的高手都对自己从事的工作有着与常人不同的认知和感悟，讲这些内容很容易击中别人，尤其是听众和你有了共鸣，更会对你顶礼膜拜。

②知识储备。演说者要建立这个领域的知识体系和框架，因为这些系统知识往往代表了你在这个领域的水平。比如，讲经营管理的人，必须对整个管理系统认知清晰，知道构成管理学的基石是什么，那几根高大的柱子是什么，各楼层都有什么东西，房间是怎么划分的，柜子里装了什么，抽屉里放了什么；二楼和三楼到底是怎么关联的，一件特定的工作到底要使用到哪几个楼层、哪几个房间的东西……这样，在演说中你才能旁征博引，思路清晰，让听众茅塞顿开。

③实战经验。演说者要有这个领域的丰富实战经验，通过鲜活的案例和生动的演绎表达出来。只有掌握这些内容，演说者才能在演说中潇洒自如，信手拈来，让演说的框架上充满血和肉，场面才能活跃起来。对于听众来说，他们一般都容易从一些鲜活的案例中理解演说的内容，听起来不太吃力。这一点做不好，演说会显得很空洞，听着很容易打瞌睡。有些演说者虽然知道这个问题，但因为自己经历不够，所以只能东拼西凑地去各种地方搜罗东西，然后放到PPT上，结果PPT满满的，讲得却不太好，因为演说者的精力和视线会一直被PPT上的字牵着走。演说者的思维会被这些文字框住，讲出来的内容多半是僵死的。

不过，这三方面的内容都需要日积月累，不是临时能突击出来的，因此要想成为演说高手，就要读万卷书行万里路，并随时随地地记录和总结，让积累的东西烂熟于心。这也是个体品牌崛起的三大核心要素。

|模

这里的"模"，就是模仿。

本书演说学习的核心共有两点，具体如下：

（1）认知事物底层规律。本书的各项演说的技能背后都有演说思维，只有从"道"入手，才能生万物。

（2）回归动物原始学习模式。原始学习模式是什么？两个字：模仿。模仿学习，效果更佳。回想我们从小的成长经历，学习很多东西都是通过模仿，比如模仿大人做事，模仿大人说话。练习演说，也可以利用模仿法。本书中关键的技能点讲解后都会配备相应简单易模仿的案例作业，大家只要稍加模仿练习，就会效果显著。

说到模仿，这里给大家提供三点日常模仿学习的建议，具体如下：

（1）模仿专人。在生活中，可以找一位口语表达能力强的人，请他讲几段精彩的话，用手机录下来，供你进行模仿。也可以把自己喜欢的、适合模仿的播音员、演员的声音录下来，然后进行模仿。

（2）专题模仿。邀请几个好朋友坐在一起，请一个人先讲一段小故事或小段子，然后大家轮流模仿，看谁模仿得最像。为了激发个人的积极性，可以采用打分的形式，大家一起来评分，对模仿最成功的一位进行表扬。这个方法简单易行，还有一定的娱乐性，在室内和室外都可进行，只要有三四个人即可。

需要注意的是，每个人讲的小故事或小段子，一定要新鲜有趣，大家都爱听爱学；在正式讲之前，要进行一些准备，要讲得准确、生动、形象，千万不要把错误的内容带去，否则模仿的人学了，会害人害己。

（3）随时模仿。听广播、看电视、电影时，可以随时跟着播音员、演播员和演员等进行模仿，注意他们的声音或语调以及他们的神态和动作，边听边模仿，边看边模仿，天长日久，演说能力就能得到提高。同时，还能丰富你的词汇，增长你的文学知识。

需要注意的是，要想尽量模仿得像，就要从模仿对象的语气、语速、表情、动作等多方面进行模仿，并在模仿中有所创造，力争在模仿中超过对方。

进行这种练习时，要选择适合自己的对象进行模仿，选择对自己身心有好处的语言动作进行模仿。有些人的模仿力很强，但模仿时却不够严肃、不认真，专拣一些脏话进行模仿，久而久之，就会形成一种低级趣味。这种模仿方法要不得。

模仿法是一种简单易学、娱乐性强、见效快的方法，尤其适合初学的朋友练习。

| 作

"作"的核心就是一个词：实践。我一直认为："作"是最好的学。正如我们耳熟能详的一句话："实践是检验真理的唯一标准。"不管什么事情，只要做了，就能得到两个结果：成功和失败。哪怕失败了，只要不断

总结经验，终究也会不断靠近或迈向成功。但是，如果不做，连失败的机会都没有。有些人一直都在看书、听课，却为何学不好演说？关键就是缺少实践。不要等到条件都具备了、完美了再去演说，因为我们都走在不断迈向完美的道路上。在多年的演说中，我经历过被人嘲笑、挑刺，甚至讲到一半时间，台下走了一半人等尴尬状况，但是今天，这些经历都成了我站在演讲台上自信满满、侃侃而谈的宝贵财富。

本书每章节都有实践作业，希望大家在阅读本书的同时和朋友建立学习搭档关系，边学边练，相互点评精进，提高学习效果。

样

"样"，就是样子，也就是我们的独特风格。从小到大，老师表扬某同学学习效果好，都会说一句话："太棒啦，都学会举一反三啦。"何为举一反三？所谓举一反三，包含两层核心意义：一是"举一"。你学会了模仿，模仿的效果甚至还不错，这是扎实的基本功；二是"反三"。你学会了创造，拥有了自己的东西，形成了自己的风格。

学习的核心是，只有经得住诱惑，耐得住寂寞，才能真正学好。一上来就要风格，自由无拘束，最后反而啥也没学到。在我多年从事演说教学的生涯中，凡是学得好的同学，往往都会践行四个字"听话照做"，即先模仿、再风格，先标准、再个性。演说者想要形成独特的演说风格，可以事先对不同的演说风格进行归类学习，并找出代表各种演说风格的人物加以模仿和创新，最终形成适合自己的演说风格。

（1）谈话型演说风格。这类风格的演说，特点是音色自然、语气亲切、清新朴实、表情随和等，让演说者可以充分放松，甚至与平时交流习惯无异。这种"拉家常"似的漫谈，能够变复杂深奥的理论为通俗易懂的话语。要想打造这种演说风格，演说者要具备深厚的专业知识和丰富的实践经验，对演说的内容可以信手拈来；还应注重语意诙谐幽默，营造良好的演说氛围。

范例：

今天的午餐大家都吃过了吧？（停顿）还真的有人在摇头，没关系，没吃的话我可以考虑请大家吃饭（笑声），不过现在去订位子恐怕来不及了，咱们先画饼充饥怎么样？（笑声）其实啊，"民以食为天"这个道理说得太对了。（过渡）今天，我所演说的话题正是粮食与经济发展之间的关系（切入正题）。

（2）激昂型演说风格。这类风格的演说，特点是音域宽广、精神饱满、音色响亮、手势动作丰富，演说者精神高度集中，语言风格激昂、能够产生振奋人心的感觉。激昂型演说风格要求演说者学会调整呼吸，能够科学发声，关键是做到胸腔、腹腔、颅腔共鸣。

范例：

在浙江大学，在贵州大学，在太原理工，对学生的教育，我与通常的提法有些不同，我一直坚持把体魄放在第一，把人格放在第二，把知识放在第三。只有在这三点的基础上，才能讲理想。我说过，没身体，一切免谈；无德无格，貌有人样，实为蛆体；没有知识，何有能力？没有知识能力，谈何理想？

（引自郑强教授在2021亚洲教育论坛年会开幕式上的演说）

（3）严谨型演说风格。这类风格的演说，特点是语言严密谨慎、逻辑性强，对重要内容反复强调，演说者在演说中肢体动作相对稳定。严谨型演说风格多适用于隆重场合的大型演说，以及专业性较强的学术演说。

范例：

社交恐惧症（social phobia）又名社交焦虑症，是一种对任何社交或公开场合都感到强烈恐惧或忧虑的精神疾病。其症状如下：其一，害怕在社交场合出丑，也害怕当众表演某种动作；其二，回避社交或表演性场合，即使临场也会莫名紧张，内心恐惧；其三，因躲避社交而影响正常生活。

（4）绚丽型演说风格。这类风格的演说，讲究浓墨重彩、内容厚重、形式多样、富于变化，演说者注重自身的表情、神态、手势和语言，刻意用抑扬顿挫的语调来体现演说的节奏感，内容上不但能够旁征博引、纵横古今，还可以酣畅淋漓地发表自己的观点，颇具创意性。

范例：

我梦想有一天，这个国家会站立起来，真正实现其信条的真谛："我们认为这些真理是不言而喻的，人人生而平等。"

我梦想有一天，在佐治亚的红山上，从前奴隶的后嗣将能够和奴隶主的后嗣坐在一起，共叙兄弟情谊。

我梦想有一天，甚至连密西西比州这个正义匿迹、压迫成风、如同沙漠般的地方，也将变成自由和正义的绿洲。

我梦想有一天，我的四个孩子将在一个不是以他们的肤色，而是以他们的品格优劣来评价他们的国度里生活。

（源于马丁·路德·金《我有一个梦》）

（5）幽默型演说风格。这类风格的演说，特点是音调富于变化，有一定的戏剧性，语言生动形象、精练而富有内涵。幽默型演说风格的演说者非常注重面部表情的管理，强调具有戏剧色彩。

范例：

有一次，胡适应邀到某大学讲演，其间他提及孔子、孟子、孙中山时，便在黑板上写下"孔说""孟说""孙说"的对应字样，说完自己的观点后，他随即在黑板上添上"胡说"二字，说："我姓胡，虽然写过一些书，但那都是胡写。"语言幽默至极，引人发笑。

（6）柔和型演说风格。这类风格的演说，特点是嗓音圆润甜美，吐字清晰准确，微笑亲切温婉，眼神柔和多情。柔和型演说风格的演说者，利用轻柔纤秀且曲折生动的语言，能够迅速获得听众的好感，这种风格适合女士在演说中运用。

范例：

谢谢大家在遥远的边疆又给我提供了这个师大的讲台。天下师大是一家，我像你们这么大的时候，八方游学，走到各地都是住师大的。在24年前我就喝过新疆师大的酒，现在再来新疆师大我自己已经成了老师，再看着和我当年第一次来新疆时一样年龄的更多同学，心里非常激动。应该说，不管走到什么地方，最亲切的岗位其实还是在讲台上。

（源于于丹《阅读经典 感悟成长》演讲稿）

当然，演说风格并不仅局限于以上六种类型，演说者还可以通过自己的实践和经验树立适合自己的演说风格。

小节作业

"无练习，不演说"，本小节的作业如下：

既然要提高演说能力，你就要向优秀演说大师的演说视频学习。

试着找找以下演说者的演说视频，认真学习，定能让你受益匪浅：潜能激励大师安东尼·罗宾，中国式管理大师曾仕强，华人管理教育第一人余世维，中国礼仪教授第一人金正昆，亚洲第一名嘴张锦贵，世界上最伟大的销售员乔吉拉德。

第二章　演说的恐惧

提到演说，相信很多人都经历过一些噩梦，只要一听到演说二字内心就感到忐忑紧张；有的人上台演说时，则总是忘词、断片。遇到这些情况，我们该怎么做？难道只能任由各种荒唐的事情上演吗？其实，这里也是有方法可循的。比如，做好积极的正面暗示，充分做好准备等。

第一节　演说恐惧大揭秘

人类为什么会产生恐惧呢？一般来说，主要有九个原因，具体如下：

原因之一：不自信

不自信是害怕演说的首要原因，甚至可以说，不自信几乎是所有恐惧的根源。

不自信源于对自我的不认可、理所当然。当你不认可自己能力或不敢大胆尝试突破的时候，就会失去公众演说的自信。

人的自信与不自信都是持续的一个循环：自信的人在不断尝试和突破，不断地证明自己，时间长了，就会变得越来越自信；不自信的人，不敢大胆尝试，喜欢逃避和隐藏，于是变得越来越不自信。

事实上，很多时候不自信只是源于不了解、不明白、不清楚。任何事情，只要了解了、明白了、清楚了，就会生发出更多尝试的勇气，取得好结果的概率就能从 0% 提升到 50%。

原因之二：无经验

第一次演说，是很多人心中的噩梦，原因可能是第一次给他人讲解知识，也可能是初入职场第一次向领导汇报工作。由于没有任何的演说经验，也不懂任何演说技巧，所以多数人都会搞砸，除非你能逗得大家开怀大笑，但这一点往往很难有人能做到。就像第一次骑自行车或学习游泳一样，无论是摔得膝盖通红，还是被水呛得直咳嗽，都会以失败而告终。

没有曾经的经验和教训，对于演说者来说，演说就是一个全新的领域，有很多未知和不确定。因为没有过往经验，对你来说，演说这件事情就是全新的、未知的、不确定的。

原因之三：失败的经历

"老师，我演说失败了，这几天都没精力，总是反复想演说失败的事情，自己走不出来。"小美一坐下来，就开始讲她的事情，"上周三，在公司领导的要求下，我参加了集团组织的演说比赛。为了这个演说比赛，我足足准备了两周时间，还专门写了演说稿、做了PPT，内容经过了领导的审核。可是，这次上台前，我突然觉得自己肚子不舒服，憋着难受，影响了演说，结果自然就不好！"

说着说着，小美开始哭起来！我看出她在压抑情绪，并没有完全将悲伤的情绪宣泄出来。

我拿起纸巾，递给她，问："你当时在台上发生了什么？"

"我很紧张，感到脑子一片空白，之前背得很熟的演说稿已经不记得了，完全断片了。"

"那么，你是如何继续演说的呢？"

小美擦了一下眼泪说："断片的时间很短，只有几秒钟。然后，我安定了一下心神，回想起了演说内容，就继续讲。"

"后来发生了什么呢？"

"后来，我感觉自己发挥得不是很好，觉得大家都在嘲笑我。我似乎还听到了人们的窃窃私语'演说稿都记不住，还来演说'。"

"这是你当时在台上想的吗？"

"是！我在台上是这样想的，走下台后依然反复想。"

"那么后来，领导批评你了吗？"

"没有！我们经理还鼓励我，说挺好的。但我自己觉得很丢脸！"

小美又开始哭起来。

我觉得，这时候有必要让小美哭一会。因为她憋屈了很久，需要找一个机会，让不良情绪宣泄出来。虽然情绪管理方面，宣泄的效果不如认知重评，但宣泄总比压抑好。

小美擦了一下眼睛："老师，我是不是得了抑郁症呢？"

"你是还有一些负面情绪没宣泄出来，不是抑郁症，哪有这么严重？小美，你很在意别人对你的看法吗？"

"是的，我总想表现出自己好的那一面，让别人认为我是优秀的。工作中也是这样，领导安排给我的工作，我都会认真完成，甚至还会主动做一些事情，比如这次演说，本来不是我的工作，但集团发通知，鼓励大家报名，领导又要求我去，我自然就参加了。报名后，我也是在分公司内部进行筛选，得到公司第一名才去参加集团比赛的。"

"你在公司得了第一名，说明演说能力不错！"

"算是吧！其实，我也不知道能不能演说好，只不过我愿意尝试！"

"那么，你是抱着试一试的心态去比赛，还是要争取名次呢？"

"我原本也是想试一试的，挑战一下自我！可是，到了比赛现场，领导却对我说：'咱们要努力进前三哦！'我一下子就慌了，感觉很可怕，心里有了压力，就开始焦虑，接着就肚子疼。"

"哦！明白了！是领导突然对你提高了期望是吧？在这之前他和你交流过吗？"

"以前我们也交流过，但他没对我提过要求，更没说让我进前三！据我了解，公司以前也没人能进前三，为什么让我进前三？"小美一脸懵的样子！

看到小美的表情，我也为她的遭遇感到同情。可是，事情已经发生了，总不能怪领导要求高。

"后来，结果怎么样呢？"

"我没进前三，得了'最佳风尚奖'，共16个人参加比赛，只奖励前6名的。一个一等奖，两个二等奖，三个三等奖，其他的都是风尚奖、内容奖……"

"你听到要进前三的时候，是不是感到很紧张？"

"是的，非常紧张！我有些生领导的气，早不说，这时候说进'前三'，我怎么知道能不能进啊！一想到自己如果不能进前三，就觉得回到公司后没法交代，脑子一下子就乱了。"

"哦，了解。如果现在让你闭上眼睛，重新回到领导对你说'要是进前三就好了'，你会怎么回答？"

"我试一试。"然后，小美闭上眼睛说，"我也许会说：'那可不一定啊，领导，我们不认识那些评委，并且其他公司选手也很强啊，我会尽力的！'"

"很好，尽量努力，对吧！"

"对！又不是为了名次，只是为了展示自己，重在参与，为了名次我就不来了。"

"这样，上台展示，你还有压力吗？"

"有，但我会正常发挥！已经练习了几十遍的东西，怎么会忘记？"

"嗯，看来还是心态的问题，是吗？"

小美好像理解了："是的。我应该看开一点，让自己放松下来！"

"对，下次还有演说比赛，你还去吗？"

"不去了！哈哈！老师，我没啥了，感觉自己好像想太多，其实进不进'前三'，并不重要。"

根据一项关于演说恐惧的调查显示，人们对于公众演说的恐惧，70%都受到过去失败经历的影响。什么是过去的失败经历？就是你过去演说过程中的不愉快经历，比如演说过程中被哄笑、演说之后被当众羞辱。例如，在公司会议上将自己的想法说出来，却被当众指责、否定。

原因之四：放不下

通俗一点讲，放不下就是害怕出丑、害怕丢脸、害怕自己得不到良好的评价。可以这样说，做一件事情的时候，大部分人首先想到的不是做成了能得到什么，而是失败了会不会出丑、丢脸？

下面是乐观和悲观、积极和消极的论比：

乐观和积极，就是面对一件事情的时候，总会先想到可能性。

悲观和消极，就是面对一件事情的时候，总是想到不可能性。

有些人除了害怕出丑、丢脸，还害怕得不到良好的评价。这种对于评价过度的焦虑，会让当事人在公众演说时感到不适、慌张，分散精力，过度关注听众的反应，从而影响自己的演说节奏。

原因之五：准备不充分

乔丹曾经说过："我从不担心自己的技术，因为我为此付出过努力。有足够的训练准备能够消除你的担忧和害怕，如果你真正努力去训练准备了，那你还担心什么？你知道自己能做什么和不能做什么。"只有足够的训练和准备才能够消除你的担忧和害怕，这就是准备的意义。没有投入必要的准备时间，幻想着演说能够出彩，就有些不切实际了。成功的演说没有捷径，所有精彩的"临场发挥"都来自精心的准备。

许多伟大的演说者都怯过场，但区别在于，他们因为怯场而拼命准备，你因为怯场而放弃了舞台。不要让害怕成为终点，害怕应该是起点。保证演说成功的秘诀是：准备、准备、再准备。

演说是你对着一群陌生人进行交谈。提前做好准备，就能营造良好的演说氛围，你的演说也会从最开始的入场、暖场，声音走势由低到高逐渐激昂升华。经过充分准备后的你，定能让演说达到积极交流的效果。

对演说内容的准备充分程度会影响害怕的程度。演说前准备不充分，上台前就会有担心，这种担心也会分走你的精力，从而影响你自己的发挥。

除了演说内容的准备，还有演说前的准备，比如是否提前了解演说场地、是否提前到达会场、是否提前进行呼吸训练。不熟悉场地、未提前到场、未提前呼吸训练，都会让你在演说中感到焦虑、紧张、恐惧……

原因之六：完美主义

很多人的害怕缘于太过追求完美。完美主义者通常对自己非常苛刻，对自己的表现要求非常高，想要周围所有的人都欣赏自己，想让所有的人都欣赏自己的演说。事实上，任何人都不可能让所有人喜欢；做任何一件事情，都不可能让所有人都认可。

原因之七：听众人数

听众人数也会影响演说者的心态。面对10人、100人、1000人，产生的焦虑感明显不一样。面对的人数越多，心里的担心就会越多。

原因之八：陌生的听众

毫无疑问，听众的熟悉程度也会影响演说者的心态。如果听众已经听过多次你的演说，你在他们面前就会感觉放松很多。面对陌生的听众，演说者会更谨慎小心，也会感到更紧张。

原因之九：台下有"高人"

听众的身份地位会让演说者感到害怕。如果听众的身份或地位比较高，比如，上级领导、企业老总、面试官，很多人就会感到紧张。即使一些经常在公众场合演说的人，面对国家元首演说时，也会感到惶恐，会十分小心。

从心理学角度来说，人类的恐惧，关键在于两个字：未知。对某事的未知，会让我们形成陌生感，继而引发种种恐惧。谈过恋爱的人可能都有这样的体会：第一次见心仪的对象，通常都会感到紧张，尤其是面对初恋，原因何在？未知。一对青年男女从恋爱到结婚，相濡以沫多年，每天在一起，自然就不会紧张了，因为彼此已经太熟悉。当然，因为太过于熟悉就会出现另一个极端，老夫老妻牵个手都感觉是左手握右手。所以，夫妻之间要相敬如宾，既要有一定的熟悉感，又保持一定的陌生距离感，这种既熟悉又陌生的感觉会变成一种生活的兴奋剂，这也是演说的最好状态。所以，演说最好的状态不是不紧张，也不是太紧张，而是紧张又熟悉的兴奋感。

所以，演说者要克服恐惧，不要害怕，越怕越陌生，最后反而越紧张，只有勇敢地拥抱演说，才会自如地把控演说。

面对这样一系列的演说恐惧：语无伦次、大脑断片、手足无措，甚至脑门冒汗、脸色惨白等问题，我们该如何去拥抱，从而克服呢？

小节作业

"无练习，不演说"，本小节的作业如下：

为了提高自己的演说勇气，你敢站在空地上大声演说吗？当作一次练习，也当作对自我的挑战。选一块空旷的地方，公园、球场、山坡、田野、山顶……都可以，让自己放松下来，对着周围的自然景物来一次畅快淋漓的演说吧。可歌颂新人新事，可表达新思新趣，也可表达对自然人物的热爱，不要怯懦，完全放飞自己。

第二节 台上紧张身份坏

| NLP 心理学六层次理论

很多人上台演说，总是非常紧张。这里我不得不提到一个学说，也是一个知识点，叫 NLP 心理学六层次理论。

NLP［神经语言程序学（Neuro-Linguistic Programming）的英文缩写］是由理查德·班德勒和约翰·格林德在 1976 年创办的一门学问。美国前总统克林顿、微软领袖比尔·盖茨、大导演斯皮尔博格等许多世界名人都接受过 NLP 培训，世界 500 强企业中的 60% 采用 NLP 培训员工。

NLP 共涉及六层次的内容。

（1）组织。任何人在社会上都有多个组织，例如家庭、公司团队、兴趣爱好小组等。

（2）身份。在任何组织中，我们都有一个不同的身份。例如，在家庭中的身份可以是儿子、女儿、父亲；在公司团队的身份是领导、主管、销售员、设计师等。一个人或者一家公司怎样看自己（我是谁？），给自己定位，或者描述出自己的定位，便涉及身份的意义了。承接上面（精神）的意思，便是"自己准备以怎样的身份去实现人生的意义"。

（3）信念。每个人的身份都会对应相应的信念。例如，作为演说老师，我的信念就是演说助力个体品牌崛起。活在这个世界上，每个人都有一个不自觉的身份，亦已经有了一套相关的信念与价值。它们决定我们做每一件事的态度，但并不常会有意识地涌现。在每天的生活里持着一套信念和价值去处理每一件事。多数出现的信念、价值层次问题是：为什么做（或不做）；有些什么（重要）意义？应该是怎样的？对我有什么好处？

（4）能力。信念会驱使我们提升相应能力。例如，厨师的信念是烧出美味佳肴，他就要不断精炼厨艺。该层次涉及一个人怎样认识自己能有的选择（有没有选择，或者是"我必须这样做？"）。每个选择都是一份能力，选择越多，能力越大。我们一般说的能力，表面上指的是技能：懂英文、会用电脑、用某种技巧做某事。但是细心想想，它们其实也都是更多的选择。情绪代表能力，也属于这个层次。

（5）行为。能力会促进相应行为。例如，演说老师是演说高手，大量行为是演说；设计师的大量时间应该是用在设计作品上。这个层次所指的是"做什么？""有没有做？"，即能力的挑选和实际发挥，也就是在环境中自己的实际运作。

（6）环境。行为会产生结果，我们称之为环境。例如，厨师身边会会聚一群食客。"环境"包括了所有身体以外，即外界的条件，世界上的种种人、事、物、时、地、金钱和设备等都属"环境"。

NLP心理学六层次理论跟演说恐惧突破之间有什么关系呢？

身份指导行为

通过 NLP 心理学六层次理论，可以发现一个秘密，即身份指导行为。对应管理学上的一句话，叫屁股决定脑袋。那么，身份跟演说恐惧突破有什么关系？举两个例子，首先，大家在马路边是否见过乞丐？有没有给过乞丐钱？如果给过，那你为什么会给乞丐钱？有人说，因为我觉得乞丐很可怜。其次，大家有没有看过"土豪"发钱？你觉得"土豪"发钱时，给人什么感觉？是不是豪气万丈、自信满满？答案是肯定的。

那么，你为什么会觉得乞丐自卑可怜，而"土豪"会豪气万丈呢？除了"一个有钱，一个没钱"，我们还可以从身份的角度来分析一下，这时候乞丐就是钱的索取者，"土豪"则是发钱的给予者。俗话说，"吃人的嘴软，拿人的手短"。所以，当你的身份是一个索取者的时候，自己就会觉得自卑可怜理所当然；当你的身份是一个给予者、分享者的时候，你就会感到豪气万丈、自信满满。

那么，当你站在演讲台上感到紧张忐忑时，你是乞丐，还是"土豪"？我们发现，多数人在台上都扮演着乞丐的角色。"你看，讲到这儿，听众都没一个掌声，领导会怎么看？我同事会怎么看？我的客户会怎么评价我？"作为乞丐，要得越多，心理包袱就越大，当然就会越紧张。反之，如果你是一个土豪，站在台上每讲一句话就像扔出了 1 万元钱，这时候感到紧张的就变成了观众，因为观众担心抢不到那 1 万元钱。所以，从今天开始，我们要改变对自我角色身份的认知，从索取者变成分享者。

讲到这里，很多人可能都会感到很好奇，话虽是如此，但知易行难，如何才能将自己的身份提升为这种土豪的分享者，拥有这种感觉呢？前些年我听了一位老师讲的一堂课，课的名字叫"领导力"。他说，我们公司有一个员工特别小气，怎么办？有人说，我给他钱。给钱就是大方吗？葛朗台是个守财奴，却非常吝啬。

这位老师的方法很独特，即行政命令强制要求这位员工每个星期至少请同事吃一次饭，不请客就辞退，连续请两个月。两个月后，神奇的现象发生了，这位同事看到任何人都有一种想请客吃饭的冲动，自己都觉得惊讶："哎呀，我怎么这么大方呢！"为什么会出现这样的效果呢？因为只要是正常人，吃了他的饭，都会友好地对他，工作中也愿意帮助他。这就是行为又反过来强化了自我身份认知。因此，如果想找到演讲台上土豪的感觉，就要通过行为的训练强化身份的认知。

|行为训练，强化身份

如何进行行为的训练呢？方法很简单，那就是每天对着镜子不断地练习："大家好，我是来发钱的！大家好，我是来发福利的！大家好，我是来发年终奖的！"直到你上台的每一句潜台词都是说："大家好，我是来发福利的。"你会发现，自己就会自信满满。同时，这句话也能够把自己逗乐。我的很多企业家学员使用了这个方法后，都觉得特别棒。在此，我要特别送给大家一句话："谁用谁知道。"

在演说学习中，我特别信奉一个理念，那就是："无练习，不演说！"

要想学好演说，一定要练习、做作业。所以，本小节我们还有一个作业留给大家。

| 小节作业

"无练习，不演说"，本小节的作业是什么？具体内容分三个步骤：

步骤1，大声说："大家好，我是来发钱的，我是来发福利的。"关键要找到那份发福利的状态！

步骤2，把发钱和发福利的这种状态带到你的姓名中去做自我介绍，例如，大家好，我叫×××。

步骤3，我们可以换着不同的语言去阐述这种兴奋的状态，让别人感受到你这份自信满满的状态！

当然，更关键的是一定要进行实战。可以从最简单的做自我姓名介绍开始。

记住：一定要带着发钱的土豪的状态和气度。

第三节　正面暗示喜剧片

很多学员总是跟我说:"老师,你不知道,上台前的三分钟我痛苦得一塌糊涂。我的脑子里全部是恐怖画面,一上台就忘稿了,听众听着听着就走人了,领导也斜着眼睛看我,听众提问回答不出来,这些情况出现该怎么办呀?"我说:"你这没上台就把自己给吓死了。"学员立刻回答说:"是!我是不是有心理疾病呀?"

2005年,美国国家科学基金会(National Science Foundation)发表的一篇文章显示,普通人每天会在脑海里闪过1.2万至6万个念头。其中,80%的念头是消极的,95%的念头与前一天完全相同。打个比方,一出门不小心绊了一跤,你会怎么办?你如果直接说"太棒了,竟然绊了一跤",这一定是神经病。大部分人会说:"怎么这么倒霉,竟然绊了一跤。"初学演说者出现以上这种情况实属正常。

优秀的演说者在上台之前,往往都会化负面为正面,把恐怖片变成喜剧片。

| 化负为正的语句改造

要想改变这样的负面认知,就要把负面语句改为正面语句。正如我们上一章节"台上紧张身份坏"里面的 NLP 心理学六层次理论所说:"信念决定行为。"学会使用正面语句,强化正面信念。

我们来看看演说中都有哪些负面暗示?举个例子,有人说"我上台担心忘词",这就是一个负面暗示,如果想把它变成一种正面的暗示,就要换成另外一句话,"我一上台,就思绪连篇,口吐莲花,滔滔不绝",感觉就会非常棒!这就是正面暗示带来的正向效果。

再换几个负面暗示,例如,你上台之前有什么负面担忧,也就是说你的脑海里会出现什么恐怖片,我们一起把它全部变成喜剧片。

有人说,"我担心听众热情不高涨",这是一个负面暗示,变成正面暗示是:"我一上台,听众热情高涨,掌声雷动。"

有人说,"我担心一上台,听众问问题我答不上来"。正面暗示是什么?"我一上台,听众提问,我妙语连珠,对答如流。"

学会了化负面为正面的暗示,光是有句子还不够,还要学会把这些句子变成一部有画面感的喜剧片,让自己在画面感中找到一种兴奋的状态。

画面感训练有多么重要。我曾看过一部电影,主人公是一个赛车手,曾经取得过辉煌的冠军战绩,后来在业余时间参加黑赛,结果被禁赛三年。在这三年中,他再也没有碰过赛车,三年之后他决定复出。结果出人意料,他依然获得了冠军,为什么?因为在整个赛程中,他的脑海里都有一种画面:在这三年中,他儿子在家给他报比赛线路导引,他则拿着锅盖想象开车……这种想象开车的感觉完全趋向一种完美的演绎和训练,获得冠军也就成了他手到擒来的事情。

形象、想象训练法

简而言之就是，把文字转变成生动活泼的、动作鲜明的画面，在大脑中构建场景，让自己仿佛身临其境，找到演说的"现场感"，开启上帝视角，不断优化和精进自我。

美国的几个心理学家曾做过这样一个实验：

工作人员将学生分成三组，进行为期20天的投篮技巧训练。

第一组学生，每天练习，并把第一天和最后一天的投篮成绩记录下来。

第二组学生，记录下第一天和最后一天的投篮成绩，其余时间不做任何练习。

第三组学生，记录下第一天和最后一天的投篮成绩，然后在这20天内每天都进行练习，并要求学生每天花20分钟做想象中的投篮；如果投不中，便要求他们在想象中作出相应的纠正。

实验结果证明，第二组学生的投篮水平没有丝毫长进；第一组学生的进球率增长了24%；第三组学生的进球率增长了26%。

上面这个实验告诉我们，想象具有神奇的力量，可以让我们预言未来，开启上帝视角，不断自我优化调整。因此，要想取得演说的成功，就要把负面的语言暗示变成正面的语言暗示，同时把这些语言全部转换成一种画面场景。

相信，想象的力量超乎你的想象！

小节作业

"无练习，不演说"，本次小节作业是什么？

步骤1，写下你对演说的十大忧虑，并把十大忧虑转换成十大正面语言暗示。

步骤2，把十大正面语言暗示想象成画面，在脑海中像放电影一样反复重演。

然后，带着这种感觉做一次实战。

第四节　热身演说能量满

| 演说前做热身运动

演说也是一项运动。

运动员上台之前需要做热身运动来舒展肢体，通过肢体运动来调节情绪。演说前你感到紧张，有没有通过肢体动作的调节来舒展自己的演说状态？显然，很少有人做到。很多小伙伴在演说之前会蜷成一团，感到很紧张，结果越蜷越紧张。这里，我要特别提醒大家一点，演说之前一定要学会做热身运动。

有个男孩非常喜欢历史，他决定长大后当一名老师，把自己对历史的爱好转化为教学的职业，将自己掌握的历史知识传递给其他孩子，最终他通过自己的努力考取了一所师范学校的历史专业。

即将毕业的时候，他跟其他同学一样开始"实习"。教学实习有一个重要内容，就是试讲打分。他实习的学校规定，试讲时间为15分钟，要在规定的时间内完成比较全面的知识点讲授。

男孩深知试讲的意义，试讲效果好，不仅可以得到实习高分，对自己的未来发展也很有意义。为了试讲成功,他做了许多准备工作。

首先,精心备课。为了将课程讲好,多数老师都会提前备课。男孩知道,只有提前熟悉自己的讲授内容,才能讲起来游刃有余,降低讲台上的出错率。于是,他认真备课,仔细查找资料。

其次,提高并巩固自信心。男孩知道,自信心是成功的基础,不相信自己,就无法完成上课工作。通过试讲,可以提高并巩固个人的自信心,让他实现蜕变。换句话说,苦练多日就是为了获取一场胜利。

最后,熟悉讲台。男孩知道,不熟悉讲台,或没有进入上课的氛围,根本无法顺利完成授课。同时他还知道,熟悉讲台能消除他的紧张感,帮助自己成功授课。

如此,男孩不仅成功通过了试讲,后来也如愿地当上了一名教师。

只有自身状态良好,才能保持清醒的头脑。上台前做好准备,调整情绪,自己就能充满活力,思维也会更清晰。

| 如何做热身运动

那么,如何做热身运动?一共分为两个核心步骤。

第一步,上台先给观众露个脸。很多人上台,只有一个表情,一脸死相。试想一下,你一脸死相,观众会给你好脸色吗?自己一脸死相,脸皮绷得很紧,一张嘴就扯到脸皮,更是尴尬不已。所以,做热身运动就要先活跃面部肌肉,搓热四指,快拍面颊。这里的"快",就是拍的节奏要短频快,拍到脸上有一种热热的感觉,拍完后再做一个深呼吸,说一句"大家好"。你会发现，当你讲"大家好"的时候，嘴皮就会变得更加利索。现在，立刻尝试一下。搓手十秒钟，拍脸十秒钟，感受一下这个状态。如果没有感觉，就拍得狠一点，让自己面色红润有光泽，演说自然就会自信满满、微笑灿烂。

第二步，给身体来个热身。很多人上台演说，关节会不由自主地颤抖。要想缓解，可以这样做：跺地式小助跑。先双手抱拳，身体微弯曲，脚疯狂跺地，不要抬太高，同样也是短频快地跺地。做完之后，从脚底到头顶会有一股热流在涌动。记住，跺十秒钟，做完后张开双臂说一句："啊！感觉真棒！"这时候，就会产生有一种想往台上冲的冲动。通过肢体的热身运动，就能找到演讲台上的热情状态，因为肢体动作是调节个人情绪最快、最有效的方式。

小节作业

"无练习，不演说"，本小节的作业具体内容如下：

这次训练同样分两个步骤：

步骤1，找一个没有人的地方，拍面、小助跑，达到一种热情满满的状态。

步骤2，立刻找几个人交流，让别人感受一下你的状态，看看是否有一种热情在无形之中被传递出去！

如果有，恭喜你练习成功了；如果没有，再找个地方拍10秒、拍20秒、跺10秒、跺20秒，一定要找到那种热情的状态！

第五节　上台忘稿支妙招

上台忘词了，怎么办

演说课上，第一次做自我介绍的时候，很多学员都会分享自己过往因为演说没讲好而颜面扫地的遭遇，失败的原因有很多种：有的是因为太过紧张而浑身哆嗦；有的是因为被临时叫上去，根本就不知道该说什么，上去就胡说一通；有的是口无遮拦，遣词造句不合适，得罪了台下的某位关键人物；有的是自己辛苦讲了半天，语言平平，台下睡了一片；有的是因为频繁忘词，直接让人当笑话看了。

某位学员说，他当着全公司人的面丢过一次脸。当时，公司举办了一场很重要的晚会，打算选个人烘托一下气氛。领导最终选中了他，因为他平时比较会说话，也比较幽默。他想要推托，但领导期望很高，他只能答应下来。

为了做好这次演说，他精心准备了稿子，前后背诵了一周，结果一上台就浑身冒汗，还忘了词。为了应对这种情况，他提前在裤兜放了几张小纸片作提示，结果他将手伸进裤袋，抓住其中一张小纸片往外一拉，一下子全部掉出来，撒了一地。没办法，他只能在众人的目光中，低头开始捡纸片。他一张一张地将纸片捡起来，打算利用这个时间，将演说内容回忆起来，但时间很快过去，纸片都捡完了，他还没想到下一句词。那一刻他突然意识到，自己在公司的未来堪忧。

不管是在演说中遇到的麻烦，还是在日常生活中遇到的麻烦，原因不同，解决问题的方式也就不一样，针对性训练的方法也会有差别。如果是演说忘词了，该怎么处理？

在台上发言，不论是演说者，还是主持人，最让人尴尬的情况就是大脑突然短路，忘记下一句该说什么，这是很多人心中的噩梦。想想看，众多观众在台下盯着你，结果你忘词了，站得跟个雕像一样，如果你是大美女或萌妹子，观众可能会说你"傻萌"，是天真可爱的表现，但如果你是个挺拔的青年人，现场气氛就会显得很尴尬。更何况，咱们都不可能享受明星的待遇，有提词器能够为你提供帮助。

演说中为什么会忘词呢？是演说者脑子本来就不好使，还是词难记？我想说的是，如果演说者内心秉持的观点是"演说就是要背稿，稿子就得用词华丽"，那就是自讨苦吃，忘词也就成了必然！

| 背稿却记不牢

你是否有过这样的体验？稿子背得滚瓜烂熟、本以为可以上台随心所欲地做一个精彩演说。没想到，上台后刚讲两句话就卡壳，甚至大脑一片空白，完全断片。观众以为你没背稿子，准备不充分，殊不知你已经提前背得滚瓜烂熟了。那么，该怎么去解决这个问题呢？

今天，我们就来分享一下复述背稿方法。提到复述背稿，不得不提一下犹太人。犹太人从小让小孩背诵圣经，这种背也不是死记硬背，而是一种"好读书，不求甚解"的反复朗读。例如，一个段落，先让孩子读10遍，之后再出去玩耍，回来后再读10遍。久而久之，孩子就在不知不觉中将这段文字记住了。

不知道你们是否有过这样的体验？这里有一个密码，没有刻意记忆，只是记在手机里，每次登录的时候都看一眼、读一遍，结果有一天突然就记住了，这就是"好读书，不求甚解"的记忆方法，完全靠多次重复加深大脑印象，效果非常好。

那么，如何将这种"不求甚解"的方式，运用到我们的演说背稿中呢？首先就是"好读书，不求甚解"。不要死记硬背，要多加理解、反复朗读，把演说稿分割成几个片段，每个片段读一会儿休息一会儿，读一会儿休息一会儿。其次，直到你能复述出80%的内容为止。这种方式的核心总结起来就是八个字：反复朗读，复述大意。只要你能把这篇稿子复述出来，基本上到任何场合都能脱口而出，因为你不是在死记硬背，而是在复述大意，通过印象感知来阐述你的演说稿。

这一个方法的核心原理和我们运动健身一样。以做俯卧撑为例，不要一下就做100个，要每做20个休息一会儿，再做20个再休息，通过分组训练，反复刺激，达到有效的记忆效果。

小节作业

"无练习,不演说",本小节作业如下:

步骤1,复述稿子训练。尝试着拿一篇稿子,把它分成几个段落,一个段落三五百字,读10遍,休息10分钟,休息时复述大意,反复练习,直到80%的大意可以完全复述出来为止。

步骤2,实战过关。找一些同事或朋友讲给他们听,如果他们认为你表达流畅自然,没有死记硬背的痕迹,这一关就算挑战合格。

第六节　潇洒演说一对一

| 一招解决上台紧张问题

经常听到很多同学说，自己站在台上，只要看到台下乌压压一群人，就感到头昏脑涨，很紧张，都不知道看谁，总觉得下面这一群人都在赤裸裸地观察自己，觉得很恐惧、很紧张，然后脑子"嗡"的一声，什么都记不得了。

（1）积极的自我暗示。我们潜意识的力量是巨大的，不断地激励自己进行自我暗示，就能利用潜意识的力量帮助我们调整情绪。大脑中不断地输入这些激励的话语，假的也会变成真的，我们就会逐渐变得自信起来。

不过，为了获得演说成功，在自我暗示的过程中，一定要进行积极的暗示，比如：我是最棒的、我一定可以成功、我比上一次好多了、我已经做了充分的准备、我的演说一定可以征服所有的人、别人都会喜欢我的演说……

千万不要进行消极的自我暗示。演说中，讲太多负面词语，如我一定不会失败、我不恐惧、我不紧张、我情绪不会波动很大、我不会忘词等，越暗示越会走向反面，自己也会更紧张、恐惧。

（2）寻找热情友好的面孔。为了给自己以信心，站在台上，要不断地寻找热情友好的面孔，从他们那里获取支持和放松。事实证明，越看到亲切的、鼓励的、友好的、充满期待的、不住点头微笑的面孔，你就会越放松；看到挑剔的、威严的、不怀好意的、总是在摇头的面孔时，可能会更加紧张。这里还有一种方法，就是"虚视"，可以让我们减少和不友好的面孔或目光的交流，同时可以保持一定的礼节。

（3）自我解嘲法。自我解嘲法是一个很好的解除紧张的方法，在哈哈一笑之中，你也会得到放松。演说中，突然忘词了，可以将自己的紧张原因、紧张表现等，当众以自我解嘲的方式讲出来，不去控制自己的紧张。这样讲出来，反而可以缓解内心的紧张，有时甚至还能得到听众提示。

紧张是一种能量的聚集，讲出来后，就能把自己的这种不恰当的能量释放开来，有效地解决紧张问题。

（4）把注意力转移到你讲的内容上。讲到这里，有人建议说，你可以把听众当作大萝卜。可是，想想看，面对萝卜演说，谁能讲精彩。那该怎么办？

面对这样的情况，有一招叫"潇洒演说一对一"。这一招来自全球CEO演说教练杰瑞·魏斯曼，他在一本书中讲道，CEO他们演说紧张的时候，该如何在台上克服内心的紧张感？方法很简单，那就是学会"伸出手＋眼神＋微笑＝活力"。

什么意思呢？演说时，把自己的演说内容，按照适当的停顿，分成许多小段，每一小段只对一位观众演说，并且面带微笑，用手和观众互动，用眼神与观众交流，就像单独和一个人微笑握手说话一样，这就是"一段一停留，一停一交流"。如此，就能把面对一群人手足无措的紧张变成一对一的亲切自如的交流。

这里有一个特别需要注意的地方，应该选谁做一对一演说的观众？答案就是，面带微笑、和蔼亲和的观众，形成正向互动交流。以后就再也不需要看着乌压压一群人紧张地演说了。只要把一对多的演说变成一对一的演说的累加总和，紧张感就会立刻消失。

▎小节作业

"无练习，不演说"，我们来看一下本小节作业：

步骤1，找一个人面对面、面带微笑地看着他，同时伸出手跟他握手并说："你好，很高兴认识你。"

步骤2，离他三步之远，也用伸手微笑的姿势和他交流"你好，很高兴认识你"。但这次不是真的握手，而是变成了一种演说的呈现方式，握手姿势变成演说手势。

步骤3，面对三个人，把"你好，很高兴认识你"分成三句话，从左往右，对第一个人伸出手微笑地说"你好"，对第二个人伸出手微笑着说"很高兴"，对第三个人伸出手微笑地说"认识你"。你会发现，将一句话分别对三个人讲，跟三个人分别做一次伸手微笑的互动，面对群体演说的紧张感就会荡然无存，从而产生沟通的热情和互动感。

当然，这是一种刻意训练。实际上，讲演时面对一位观众可以讲3~4句话，然后再换下一位观众。这时候，演说再也不是一对多的独白，而是一对一的亲切沟通的累加总和！需要特别提醒的是，如果一开始不好意思对人练习，可以学习林肯面对玉米地演说，早年学习演说时我就是面对空教室的座位练习的，你也可以面对物品进行练习。

第七节　变态演说习惯成

| 出其不意，制造惊喜

光学不练，是无法学成演说的。

平时我们听到的多数笑料都带有夸张的成分，正因为这些话和常识不一样，所以会给人带来意料之外的感觉。比如，说一个男人很帅，就说其帅到人见人爱、花见花开、车见车爆胎，就运用了夸张的幽默技巧，让听众感到忍俊不禁。

优秀的演说者都能够给听众出其不意的惊喜，比如俞敏洪就深谙其道。

下面是俞敏洪的一段演说：

一个25岁的男人如果没谈过恋爱，可以说从生理上到心理上完全变态！大学期间我悲惨地度过了5年没爱情的生活，但我相信总有人在等待着我。我背着书包满校追女生，终于被我看上了一个。结果，我跟踪了她三个多月，她都没发现，原因是我每次离她200多米远。

在图书馆，常常是她在那看书，我在那看她。整整三个月不敢走上前一步。终于有一次图书馆灯灭掉，我帮她点火找书包，后来我约她到渤海划船，那里风景优美，水域辽阔，人烟稀少，正是下手的好地方。船划到水中央，我发现周围没人，我想这个时候由不得她了，要么答应我，要么推下去淹死！

过了两三个月，她觉得我人不错，就做了我女朋友，后来就成了我老婆，到现在，她还是我老婆。

这里还有一段俞敏洪在某次演说中和大学生的部分问答互动：

俞敏洪：第一个是综合问题——人的一辈子，什么最重要？

大学生A：活得有意义，能帮助别人。

俞敏洪：能帮助别人是对的，是好事，但帮助别人贩毒是不行的，不过我看你的长相也不像贩毒的（笑声）。

大学生B：追求自己的梦想最重要。

俞敏洪：你的梦想是什么？

大学生B：我的梦想就是过好自己的生活，有多大能力办多大事。

俞敏洪：这哪是梦想，这是得过且过，过一天算一天。我从你的眼神能看出来，你的梦想是想找一个女朋友，刚才我注意到你看台上主持人的眼神就不一样（笑声）。

| 变态演说习惯养成法

现实中，很多人都没有太多的机会去演说，一年可能只能做两次演说，年初的工作汇报，年末的工作述职，怎么办？要自己主动创造机会。但也不能整天都拉着别人来听你演说，哪有那么多人天天来听你演说，怎么办？

这里有个绝招，可以让你随时随地绽放演说魅力。核心的两个字叫"变态"！当然，这里的"变态"是指改变状态，变常态为"讲态"。演说时很多人之所以紧张，是因为平时随意惯了，一上台，让他装个正经，就会显得不自然。要把生活中的随意变成不随意，生活中正经一些，使自己一上台就是正经人，原汁原味，本色出演，这也就是自然状态。

我们平时就要养成这种感觉。怎么养？打个比方，平时约别人吃饭时会说"你好，我们中午一起吃个饭"，你声音慵懒，肢体动作也很随意。如果突然打一个响指，"啪"一响，给自己一个暗示，变常态为讲态，立刻切换演说的状态（语气、神情和手势全摆出来），再说："你看，我们中午一起去吃饭，好吗？"

不要担心别人打你，一定要这样进行强化训练，慢慢地你会发现，讲任何话你都会专业范儿十足。要的就是这种感觉！专业人士随时随地都能专业呈现，而不是一上台专业，一下台就变得很随意、不专业。

可见，"变态"的核心秘诀就是，平时与人交流，注重言谈举止，讲话聚气凝神，随时随地显得专业范儿十足。

| 小节作业

"无练习，不演说"，本小节的作业如下：

训练下面几句话，找到一种演说的腔调感："我的肚子好饿""学习演说真不容易"……这都是随意的常态表达，立刻变个态，故作正经，聚气凝神，带点手势。先对着镜子讲给自己看，然后面对家人或朋友讲讲看，直到身边的朋友都说"你变了，你变了"。你也就真的在改变了。

第八节　充分准备需实战

| 筋疲力尽，乐此不疲

表达能力是企业管理者的核心竞争力之一，如何让你的演说有人听，是比具体讲啥更需要考虑的问题。如何让你的演说干货与幽默齐飞，文采共思想一色？答案就是，充分准备。

很多人以为，演说靠天赋，所谓口若悬河滔滔不绝，再如段子不停、金句频出。曾经有人问 20 世纪最伟大的演说家之一的丘吉尔："如果让你作 10 分钟的演说，需要多少时间准备？"

丘吉尔答："半个月。"

"如果让你作半小时的演说，需要多长时间？"

"一星期。"

……

字字是金。

对于演说，很多演说者都会经历非常恐怖的回忆，观众看到的却是精彩的演说，以为演说者站在台上讲得很轻松，其实每次他都精疲力尽。演说者说出的每一句话甚至每一个词，都需要经过精心准备、细细打磨，这就是演说时间越短准备时间却越久的原因。

最近一段时间，东方甄选直播间不仅冲上热搜，还带动新东方在线股价大涨。大家只看到在中英双语自如切换的主播老师董宇辉，长得像兵马俑（我挺喜欢他的），段子说得溜，牛排卖得好。很少有人知道，当年新东方要求每位老师备课时，要写逐字稿。换言之，一堂课要说的话，全都要逐字写下，这是很恐怖的。正常人的语速约200字/分钟，新东方老师一般语速会更快，估计能有350字/分钟。

据此计算，如果一位老师准备8小时的课，就是350×60×8=168000字。16.8万字是什么概念？所以，没有什么一键启动的金句模式，好的演说，都是准备出来的。

｜充分准备

很多同学经常跟我说："我已经准备很长时间了，不仅做了PPT，还背了稿子，甚至还找人指导了。但不知道怎么搞的，上台演说的时候，我依然找不到那份自然的纯熟感，怎么办？"我通常都会这样回答："你这不是充分准备。"那么，什么样的准备才是充分准备？

俗话说得好："台上一分钟，台下十年功。"只要是和舞台有关系的艺术，人们往往只能看到辉煌的那一刹那，却忽视了表演者私下夜以继日地练习。

TED的演说嘉宾泰勒博士在登上TED演说舞台前，独自练习了数十小时后，还在听众面前演练了十几次。名人尚且如此，何况作为普通人的我们？成功的演说没有捷径，所有人都要提前演练。

这里的演练，共为两大核心步骤，分别是自我演练和实战演练。

第一步，自我演练。

什么叫自我演练？如果时间充足，就尽量写篇逐字稿，这种方法可以让你记住上台演说的每一句话。

稿子写好后，尽量练习脱稿演说。可以用录音笔给自己录音，或拿手机录像（回放看），或对着镜子讲给自己听，把自己当成第一位听众，主动与镜子中的自己去互动，或对镜中的自己提问，只有准备充分，才能找到演说的感觉。自我模拟训练后，不断地调整优化，就能发现自己演说中存在的问题，比如，语言过于书面化，不够通顺，有些冗长。

这时候，再对稿子进行反复修改。通常稿子越打磨越精练，如果能打磨五遍到十遍，就更好了。好的演说不只是说出来的，还是打磨出来的。如果实在没有时间写逐字稿，也要写出演说大纲，清楚演说稿的所有要点。建议用思维导图去准备演说大纲，这是一个视觉化的大纲设计工具，有助于整理演说要点。

记得我当初练习演说的时候，自己首先都会对着镜子反复演练无数遍。这里我还有一个基本功原理心得，即在演说训练中，无论任何一项技能，只有练习无数遍，才能夯实基本功。

第二步，实战演练。

何为实战？实战并不是你真正上台演说是实战。有同学经常跟我说，老师，这是我第一次演说，失败怎么办？我会说，活该！真正的第一次演说，其实是你做的实战演练。什么是实战演练？找三五好友坐在台下听你讲一遍，该提问就提问，该反馈就反馈，看看好友的状态，听听好友的现场反馈，感知一下自我演说还有哪些不足的地方。如此，当自己面对真人去演说的时候，自我体察会更深刻，只要做到内外兼修，演说就会趋向呈现的完美状态。

经过了自我演练和实战演练，只有训练有效，才是真正的充分准备。当然，如果条件允许，还可以像央视春晚彩排一样，到现场进行彩排，走个过场，讲几段找找感觉。当你真正上台的时候，你会发现，其实你早已经驾轻就熟了。记住：充分的准备，比原本优秀更重要！

无论自我演练，还是实战演练，都要转移注意力。恐惧是无法消除的，并且越关注自己担心的事，它就越会被无限放大。所以，演说时要将你的注意力转移到别的地方，比如讲、演、练等过程中。

具体来说，可以从下面两个方面入手：

（1）专注于讲。万事开头难，我们最应该担心的不是恐惧，而是如何做好演说开场。有的演说者上台后第一句话就是"我很紧张"或"我没有准备好"。一般情况下，不说这句话还好，一说这句话就更紧张了。

恐惧无法消除，你要做的是把注意力从恐惧上转移到别处。因此，要好好设计你的演说开场，因为好的开始是演说成功的一半；也可以提个问题，讲个故事，展示一幅图片……这些开场方式，既能调节紧张的气氛，又能帮你转移对恐惧的注意力。演说开场顺利，自信心就会增加，接下来只要专注于讲话，恐惧自然会慢慢消失。

（2）专注于演。在 TED 热门演说《肢体语言塑造你自己》中，社会心理学家艾米·卡迪揭露了身体姿势是如何影响我们心理的。在这个演说中，她介绍了一个实验，艾米发现：你的肢体语言决定了你是谁。对于不自信的人，她提到一个变得自信的方法：先装得自信，之后才能真的变得自信。她认为，做一个自信的肢体动作，比如，把双臂展开保持两分钟，在接下来的活动中，就会更加自信。

演说前，如果感到紧张，有些演说者会离开座位，去外面走一走，然后回来站着等待上台演说。其实，这样做的目的就是让自己的身体达到最舒服、自信的状态，去迎接演说。

什么样的身体姿势，会让我们感到更加紧张呢？上台后把手插在兜里、背在背后，或者把身体藏在讲台后面。这些闭合式身体姿势都会降低我们的自信，让我们对舞台感到更恐惧。因此，上台演说觉得紧张的时候，可以用不同的手势来配合演说。因为不同的手势，也会分散演说者对紧张的关注，缓解恐惧感。

另外，还有一个小窍门，即如果你在台上感到紧张，可以看看台下自己熟悉的听众，他们的支持也可以缓解你的紧张情绪。这一点在前面小节里有专门阐述。

小节作业

"无练习,不演说",本小节的作业如下:

我们的作业分三个步骤:

步骤1,找篇演说稿,面对镜子讲给自己听。

步骤2,找三五好友,听你讲一遍。

步骤3,给自己找一个真正的场子,做一场对外的公众演说。你会发现,从这以后你就再也不会害怕演说了,因为每次上台都做了极为充分的准备。

第九节　专业修炼讲必成

我们都听过一句话,"处处留心皆学问"。我要告诉你的是,如果没有专业体系做基础,处处留心都是浮云。此话怎讲?做个调研:相信很多人都吃过火腿肠,但火腿肠是如何被制作出来的?对,通过火腿肠制作机器制作出来的。把一头猪放进机器里,出来的是猪肉火腿肠;把一只鸭子放进去,出来的是鸭肉火腿肠;把一些玉米和肉放进去,出来的是玉米肠……不用管放进去什么,出来的都是火腿肠。为什么?因为这台机器就是用来制作火腿肠的,整个构造就是制造火腿肠的流水线。假如没有这台机器,不管你放什么,都不可能成为火腿肠。同理,对任何一个演说者而言,也需要一套自我的专业体系机器,才能讲出让人信服和有价值的内容。

| 演说的专业机器

这个机器是什么?这个机器分成两个核心部分。

第一部分,专业的内容体系。

很多人上台后之所以不敢讲、胆怯、紧张,就是因为他没有构建专业的内容体系，以至于信口开河，讲出来的东西很难让自我信服，更不要谈让听众信服了。所以，要想提高演说效果，就要学会建立自己专业化的演说内容体系。只有你的内容够专业，就像TED演说那样，你才能自信满满地表达出来。

建立自我专业的内容体系是一个自我解析的过程，更是演说内容的全部宝藏的汇聚地。通过自我的模型解析，从原动力、工具力和行动力三个角度来进行自我解剖，不仅能了解自己，还能为自己后期演说提供大量的内容素材。

（1）原动力。也是个体文化体系，共包括三个核心要素，也是企业文化建设的三大模块，分别是使命、愿景和价值观。使命，就是你所创造的社会价值；愿景，是毕生努力的远大目标；价值观，则是做人做事的行为准则。使命是起点，也是我们常说的初心；愿景就是目的地；价值观则是从起点到终点这一路上坚守的行为准则，即自我做人做事的标准。在演讲台上讲话，演说者要想有底气，力量感十足，产生感召的魅力，就要深化自我文化体系，挖掘出底层的原动力。对于个人来说，三个要素不清晰，走上演讲台，多半都会发虚，感到紧张。如果不紧张，他就是在讲胡话。

文化体系的魅力在于"有道无术，术尚可求也；有术无道，止于术"，如果觉得有点绕，可以合并成六个字"道可尽，术无穷"。把道讲透彻了，就能得到无穷无尽的方法。原动力体系是我们人生的道，把原动力理解透彻，演说内容就可以达到草木皆兵的状态，一切内容都能为我们所用。

下面看一下我的原动力演说稿话术架构：

"大家好，我是一名（品牌演说教练），致力于（使命：用演说让专业更有魅力），（愿景：助力个体品牌崛起），我们一直秉承（价值观：成长、互助、感恩、赋能）的价值体系，期待与你共同开创（专业的品牌）人生之路。"

（2）工具力，就是我们的专业体系。

孔子在《论语·为政》中曰："吾十有五而志于学，三十而立，四十而不惑，五十而知天命，六十而耳顺，七十而从心所欲，不逾矩。"翻译成白话文就是，孔子说："我十五岁时有志于学习，三十岁独立起来，四十岁时不再迷惑，五十岁时知晓自己的使命，六十岁时耳顺不再与人争辩，七十岁时听从自己的心愿做事，做什么事都不会逾越规矩了。"

现实中，多数人说得最多的两句就是"三十而立，四十而不惑"，普通人都认为，三十岁成家立业，四十岁人生没有疑惑了。其实，这里有两个误区：第一，时间节点误区。这是孔子人生发展中的时间规划之路，不是我们现代人的时间节点，时至今日，借助优越的学习条件，我们完全可以获得更早的人生成长；第二，对时间节点的解释基本不对。之所以会产生这些误解，究其原因，很多人对世界的模糊认知只是道听途说，众口相传，缺乏严谨的科学知识探索精神，或者说，缺少钻研精神。

三十而立。三十岁时，我的学说已经建立了基础，我也可以以我的学说立身于社会；先立专业！你有拿得出手的专业学说吗？很多人有的只是职业！

"专业是做学问，职业是做事。"由此理解"著书立传"，著书是学说，立传是奋斗历程。

四十不惑。四十岁时,我已知道我的学说是上天的旨意,故能信道不疑。虽听到各种议论,也不疑惑动摇。这里说的是自我专业领域的独立判断意识!

讲到这里,所谓专业体系,就是要学会职业专业化,经验知识化,从做事到做学问,然后传播学问,复制能力,创造更大的社会价值。一个销售冠军再厉害,我想也很难和一群销售冠军匹敌。

管理者,企业家个体品牌崛起的核心之一就是建立自我专业体系。站上讲台,分享自我的专业认知,进一步来说就是特定人群问题的解决方案。

举例来说,我的专业体系就是以演说为工具,帮助职场中高管、创业者、企业家,提供打造个体品牌影响力的整体解决方案。

(3)行动力。行动力就是目标体系,具体来说,就是你的目标和计划。上台演说,目标和计划是引领团队行动落地的核心。

提到目标设定,多数人都会想到SMART原则。我个人觉得,S(具象)M(量化)A(可达成)R(相关性)T(截止时间),把SMART顺序调整,换成五个易掌握的问句,就能构建我们目标的演说内容。

第一,目标从哪里来?

第二,目标是什么?

第三,目标如何推进?

第四,目标截止时间是什么?

第五,能够完成目标吗?如果完成不了谁能帮助我?

我工作时曾经连续三年达成团队业绩目标、工资、级别三连跳。我特别享受目标达成带来的成就感，人们为什么叫我"铁军"？因为设定目标并达成目标是我人生的全部解释。

此外，计划设定，还离不开戴明博士的戴明环 PDCA。

PDCA 循环的含义分为四个阶段，即 Plan（计划）、Do（执行）、Check（检查）和 Act（处理）。

P（Plan）计划，确定目标，制订执行计划；

D（Do）执行，依据计划中的内容进行具体运作；

C（Check）检查，总结和分析执行效果，分清成功和失败的行为；

A（Act）处理，对检查结果进行处理，对成功的经验加以肯定，并予以标准化；对于失败的教训要重视，并提出改进措施。对于没有解决的问题，应提交给下一个 PDCA 循环去解决。

我非常认可这四步，我把自己原创实践总结成口诀，和大家分享一下。

计划：三套方案，平行线。

执行：责任到位，就能抓人。

检查：检查方向，找问题；离开方向找问题，问题层出不穷。围绕方向，抓大放小，拿结果。

总结：修桥造路，便后人。做过的，都会成为执行手册。

这些都是你的演说内容，更是你的执行纲领。

拥有了上面自我解剖模型"三力"体系，也就搭建起了专业的内容体系库。今后，走上讲台，与人沟通，要想取得理想的效果和结果，就从这三个维度入手：动力激发，工具应用，行为推进。这些都是自己的原创内容体系，而不是这边抄一段那边学一段，做一个水果拼盘。用原创思维构建自我的原创体系，其实就是在"讲自己所做，做自己所讲"，我们自然就会自信满满。

第二部分，专业的表达方式。

有了好的内容，还需要学会适合自己的表达技巧。例如，在接下来的篇章会涉及"逻辑公式"的内容，会学到"魅力发声""肢体魅力"，这都是专业的表达技巧。站在台上不知道如何发出有魅力的声音，不知道如何做手势，不知道如何构建有逻辑的讲话方式，多半都会感到紧张！只有通过专业训练获取专业的表达能力，才能让你告别演说的紧张感。

小节作业

综上所述，一个人要学会打造演说的专业内容机器，需要对内构建专业体系，对外构建专业的表达技巧，这样我们上台才会自信满满。

"无练习，不演说"，我们来看一下本小节作业：

步骤1，梳理自己的当下工作，挖掘原动力，梳理工具力，明确行动力。例如，从事销售工作，基于自己的销售经历，能否问问自己为什么从事销售，我是怎么做销售的？以及我做销售最近有什么目标和计划？

步骤2，专业表达，后面还有三大篇章的专业技巧，一定要强化学习，才能在每一次出场都能够展现出专业的演说魅力，自信满满。那么，关于这点的作业就是，制订详细的专业学习计划。

第三章　演说的逻辑

成功的演说，都是富有逻辑性的。语言没有条理，论点颠三倒四，因果逻辑不明，时间前后不一……这些都会让你的演说显得乱七八糟。没有逻辑的演说，听众只要一听就能听出来，而这样的演说，注定会以失败收场。因此，为了获得满意的演说效果，就要在演说逻辑上下功夫。

第一节　演说逻辑深解读

Ⅰ 什么是逻辑？

自己花费一晚上的时间好不容易写了一篇演说稿，拿给领导看，对方却说："你的演说没有逻辑"或"你的演说逻辑不对"。你很挫败，但也只能一脸懵懂地回来继续改。

写文章和说话时，我们都会听到别人说："要有逻辑。"可究竟什么是逻辑？当上级或其他人跟我们说"要有逻辑"的时候，他们在说什么？

在百度百科上，"逻辑"一词共有四个含义：①指客观事物的规律；②指某种理论、规则、观点或看问题的角度和方法；③指思维的规律和规则；④指逻辑学这门科学。而在逻辑学中，则将逻辑定义为研究思维的形式及其属性规律的科学，分为具象逻辑和抽象逻辑两种。

看完这些定义或含义后，有些人可能会感到更加迷惑，依然不知道当别人跟自己说逻辑的时候到底说的是什么？难道是说我的演说稿不符合事物的客观规律？那客观规律又是什么？是牛顿力学，还是爱因斯坦相对论？或者是说我的方案不符合某种理论、规则？那这种理论和规则又是什么？而我的演说稿又为什么要符合或有某种理论或规则呢？至于思维的规律或逻辑学，似乎跟我写的演说稿就更没关系了，那到底什么是逻辑呢？上级又是基于何种评判标准得出"你的演说没有逻辑"这一结论的呢？

▎逻辑思维

逻辑思维是一种确定的、前后一贯的、有条理、有根据的思维；在逻辑思维中，要用到概念、判断、推理等思维形式和比较、分析、综合、抽象、概括等思维方法，而掌握和运用这些思维形式和方法的程度，也就是逻辑思维的能力。

很多人说，逻辑就是讲话有结构，有逻辑就是讲话有条理，就是让别人听清楚你的讲话。显然，很多人对逻辑的理解都是模糊不清的，没有认知到逻辑的本质是什么，所以在讲述演说的每个技巧之前，希望大家对事物的本质有所理解，掌握那个"道"，就能够"道生一，一生二，二生三，三生万物"。

这里有个简单的例子。

给你一串号码，假如它是一个手机号码，例如123456789，那如果把123456789改成123456798，能够打通他的电话吗？当然不行！数字虽然都是正确的，但数字的顺序错了。可见，逻辑的本质就是事物的排列组合顺序。

我们都听过"田忌赛马"的故事。所谓的田忌赛马，其实也是一场顺序游戏。用能力差的马跟对方的良马比赛，用能力中等的马对对方的差马；

用良马对对方的差马……虽然从整体来说，田忌的马都不如对方，但用这样的方式，最后依然赢得了比赛。同样，有人喜欢打掼蛋，即使是一副好牌，也会被他打砸了，原因何在？因为搞错了出牌的顺序。

记住，认知逻辑的本质是顺序，这样我们才能够构建逻辑。

| 小节作业

"无练习，不演说"，本小节的作业如下：

做一篇主题为关于文化自信的演说，你会如何拟定演说稿？

你能用独具逻辑性的语言来表达这样几方面内容吗？

文化自信对我们的影响和作用。

如何树立文化自信？

第二节　一招演说有条理

| 背诵经典逻辑句式

逻辑，是我们构建表达的脉络。有了这个脉络的支撑，才能有序地把想说的话系统地说出来，让别人理解。

很多人演说之所以失败，根源就在这里。每个人发言，都想说自己的事情，比如自己的精彩故事、工作感悟、公司、新产品、想宣传的东西。那么，怎样才能让自己的讲话有逻辑力？开场应该怎么讲，中间应该怎么讲，结场应该怎样讲，每一部分的层次到底是什么？

很多学员总是对我说："老师，我一上台就东扯西扯地讲，不知道怎么搞的，反正就讲完了。结果是讲得很乱，没有一点条理性，别人总说你讲话怎么没有条理性，这怎么办？"

在正式回答这个问题之前，先问大家一个问题：学英语口语，需要记忆哪些内容？有人说要背单词，有人说要背语法句式。同样，如果想让自己的演说内容更加富有条理，更有冲击力，也需要背诵两种内容：第一，背高能词汇；第二，背经典的逻辑句式。关于高能词汇，我们会在后面的章节里讲解。

常见的演说结构

（1）总分总结构。总分总结构是演说的百搭结构，无论是小型会议，还是大型演说，都可以让你的演说逻辑鲜明，条理清晰。这种结构的演说，开头都会用讲故事的方式引出观点；然后，通过几部分进行论述观点；最后，进行观点的总结和升华。比如，开头先用提问的方式，引发观众的思考和共鸣，引出演说的主题；然后，开始讲第一个故事，接着第二个，第三个……最后，对前面的内容做总结，再用一个金句式的结尾。

（2）时间轴结构。通过时间上的区隔，表达演说的主题。通常顺序是先讲过去，然后是现在，最后讲未来。比如，过去十年如何；现在怎样；未来的十年又会如何。

（3）表达陈述式结构。这个方法比较适合日常交流，表达自己的观点。这种结构的逻辑是：观点→理由→案例→总结升华。

演说的开头先表达出观点，然后说明自己的理由，接着讲述几个自己的故事，或者别人的案例，最后再一次进行观点的总结和提升。

三三原则

（1）理论。今天我们着重来学一下使我们的演说更有条理性的经典句式。在学习之前，我先做个提问。各位有听过乔布斯的演说吗？乔布斯的演说被称作"商界的魔力演说"，还有一本书专门讲乔布斯的演说，书的名字就叫《乔布斯的魔力演讲》。该书中提到了一个原则，叫三三原则。

所谓三三原则就是，学会开口就讲1、2、3点，让自己的讲话立刻听上去很有逻辑。为什么凡事一定要讲三点呢？

现实中，我们的学习通常都包括这样两类：第一类，无用而大用的学习。我们称之为博雅学习，博雅学习的应用在未来。第二类，有用而小用的学习。我们称之为实用学习，实用学习的价值在当下。打个比方，你昨天刚参加了一场演说比赛，讲得很差，你觉得很丢人，今天立刻就想学演说。这就是应用学习，目的是解决当下问题。

博雅学习，主要涉及四个学科，分别是人文科学、社会科学、自然科学和文化艺术。为什么凡事讲三点？原因就隐藏在自然科学的一门课程（物理学）中。

问大家一个问题，物理学中哪个平面图形最简单、最稳定？

我想此时你的脑海里一定会蹦出三个字：三角形。

再想一想，为什么凡事讲三点？因为三点能够建立最简单、最稳定的闭环说服逻辑，这套说服逻辑会构建成一个学术名词：思维模型。

什么是思维模型？有这样一句话："自古真情留不住，唯有套路得人心。"套路，其实就是思维模型的艺名儿。

而什么是简单易复制的行为路径？思维模型就是简单易复制的思维行为路径。如果你讲的任何语言都能成为简单易复制的行为路径，那么你的说服效率自然就能提高、效果也会更好。这就是为什么我们凡事讲三点的本质所在。

把三三原则再升级成一个讲话的逻辑句式，就是这样的："大家好，关于某某内容我着重讲三点：第一……第二……第三……谢谢大家！"

使用这个句式时，要学会前置思考。所谓前置思考，就是讲第一点时，一边说第一，一边想第二点；讲第二点时，一边说第二，一边想第三点……以此类推，当讲三点时，自然就能生出有逻辑的感觉。

（2）例子。

举个例子：

大家好，关于为什么学演说，我着重讲三点：第一，突破恐惧；第二，建立自信；第三，拓展人脉。谢谢大家。

这样讲述，似乎变得有条理了。因为我们把内容装进了一个模型里，而这个模型本身就是有条理的。因此，从今天开始，无论是开会，还是参加各种活动，都要用句式来表达自我观点。

大家好，关于本次会议心得我着重讲三点：第一……第二……第三……谢谢大家。

大家好，关于本次活动策划，我着重提三点建议：第一……第二……第三……谢谢大家。

大家好，关于本次内部竞聘演说，我着重讲我个人的三点优势：第一……第二……第三……谢谢大家。

演说思维——开启演说训练工具化

只要能够表达出个1、2、3点，别人听起来就会觉得有条理。这就是经典句式的魅力。

| 小节作业

"无练习，不演说"，接下来，我们来布置一下本节课的作业。

本节课作业很简单，每个人挑一个主题，把它分成三个点来讲，套上本小节介绍的句式，就可以做一个有逻辑的三点句式表达。

第三节　词组表达意思明

上一小节课使用三三原则的逻辑表达公式，学会了开口1、2、3点，让别人听了后感觉讲话很有逻辑。这一小节我们来学习如何才能保证在有逻辑的表达中，每个观点都能让别人一听就简单明了。

| 三三原则让演说不杂乱

举个例子。假如有人讲了这样一段话："大家好，我今天想分享一下我为什么学习演说。下面我着重从三点来分享。

"第一点，我觉得自己对演说有很多的不了解，因为不了解，所以内心充满了很多的困惑和担忧，一上台就感到特别的难受，特别慌张。

"第二点，我觉得自己站在台上的时候，讲话总是语无伦次，这边讲一点，那边讲一点，主题思想的表达不够清楚，也不能让听众听明白，挺苦恼。

"第三点，站在台上我总觉得自己的手不知道往哪放，连站着都很困难，甚至有点全身发抖。前面如果没有东西挡着，总感觉自己像裸奔一样。

谢谢大家。"

使用开口1、2、3点的经典句式，似乎更有逻辑了，起码比讲流水账好一些。再举个例子：

"大家好，今天我们交流一下，我为什么学演说？关于为什么学演说，我觉得第一自己比较内向、不善表达、胆怯；同时我还不知道如何去整理我的演说内容，反正讲得比较乱；站在台上心里很恐惧，整个人的状态也不好，手足无措，特别难受。"

对比一下这两段话，就会发现后面这段讲得有点纷乱如麻。使用开口1、2、3点的句式，自己就不会再纷乱如麻了。当然，除此之外，还要让不纷乱如麻的句式表达的观点更鲜明。怎么办？我们要学会词组表达。

词组表达让观点更鲜明

所谓的词组表达，就是动词、名词、形容词等词语的组合。

比如，刚刚讲的第一点："一上台，我就觉得自己对演说这件事不太了解，内心非常胆怯，有很多担忧，无法很好地面对观众表达自己的想法，很紧张。"其实，完全可以变成一个词组叫"自信表达"。自信是名词，表达是动词，自信表达就是只要用四个字就能把这件事儿讲清楚。

比如，刚刚讲的第二点："站在台上东讲一点西讲一点，讲话很没有条理性。"其实，也可以用一个词表达，就叫"逻辑表达"。第一点是自信表达，第二点是逻辑表达，听众一听就能明白。

比如，刚刚讲的第三点："站在台上的时候总觉得自己手放哪都很多余，前面没有一张桌子，觉得像裸奔一样，特别难受。"同样，如果用一个词表达，该用什么词？第一点是自信表达，第二点是逻辑表达，第三点叫"肢体表达"。

对仗工整，朗朗上口，且易于传播。因此，只有让自己的演说内容变成可传播化的社会语言，一听就能瞬间传播出去，才能达成有效的效果。

结合表达的这三点，我把这篇稿子再连在一起和大家表述一下，听听看，是不是重点更加突出了："大家好，关于为什么学演说，我着重讲三点，第一点是自信表达，第二点是逻辑表达，第三点是肢体表达。谢谢大家！"

一句话解释让内容更丰富

用词组表达完每一个分论点后，还可以用一句话解释一下，让大家更进一步理解你的精练化的词语观点。

举个例子。

"大家好，关于为什么学演说，我着重讲三点：第一，自信表达。所谓自信表达，就是克服自己内心的胆怯和紧张，让自己可以自信满满地站在台上。第二，逻辑表达。什么是逻辑表达？就是站在台上讲话有条有理，让别人一听就明白。第三，肢体表达。什么又是肢体表达呢？就是站在台上，举手投足间魅力十足，能够随时牵动听众的心弦，因为肢体语言是人类的潜意识语言。

"有没有看到，歌星在台上任何一个舞蹈动作，都能让歌迷尖叫。作为一个优秀的演说者，任何一个肢体动作也要能够让听众为你尖叫，这就是肢体语言的超级魅力。好的，我的演说到此结束，谢谢大家。"

对比之后就会发现，用这种方式表达，既能使重点突出，又能让别人听明白你的意思。所以，我们要从今天开始学会词组表达。

词组表达能促使大家提升两大能力：第一，对事物本质的洞察能力；第二，对于语言的极致概括能力。因此，平时一定要多训练。与同事沟通时，与家人沟通时，学会用词组表达来精练沟通，相信你表达的意思定会更加明确，沟通重点也会更加突出。

小节作业

"无练习，不演说"，本小节的作业如下：

步骤1，找一段优美的文字反复诵读几遍，理解大意，并把它概括成一个词组。

步骤2，找一个朋友，先告知你的词组，然后把这段优美的文字读给朋友听，问问朋友这段文字和词组的意思是不是相近，理解是不是相同。如果是，恭喜你提炼准确，表达正确；如果不是，再反复提炼和沟通。慢慢地，你一定会做到重点更突出的精练表达。

第四节　论点演绎三步法

A，B，A+ 模式

上一小节讲了如何精练表达自我观点，学会用词组表达。本小节着重讲解如何把观点生动演绎，并有效落地。

例如，我们说"关于为什么学演说，我着重讲几点：第一，自信表达……"说了自信表达，别人虽知道了你的重点意思，但还不能感同身受。这时候，就需要通过一个事例演绎，让听众产生感同身受的感觉。当然，讲完这个事例后，还要能让大家有进一步对自信表达的结论性的升华。

三个步骤合在一起，就叫"A，B，A+ 模式"。"A"就是我们的观点，"B"就是案例、故事，"A+"就是我们的观点通过故事演绎后，升华的具有教育意义的结论。

案例

接下来，我举一个更加详细的案例，为大家来阐述一下这个方法。

大家好，关于为什么学演说，我讲一下我的经历。记得那是我刚上大学的时候，第一次上台演说，想参选学生会的某个部长职务。我精心设计写稿子，反复背诵，充分准备，可是上台后却非常紧张，自信心瞬间崩塌。讲得语无伦次，最后灰溜溜地下台了，很显然结果是失败的。

这一次的失败给我带来了巨大的影响，以至于在大一到大二的相当一部分时间中，我总是把自己包裹在角落里，不好意思跟别人交流，生怕一讲话别人就笑话自己，内心特别胆怯自卑，甚至我连一些社群活动都没参加，让自己失去很多社交的机会。所以，自信重不重要？很重要，但演说更重要，它能够帮助我们建立自信。正如亚洲首富孙正义说"毫无依据的自信是一个人走向成功的基石"，而我认为自信能够帮我们建立超强的行动力，不断打开心门连接世界。

回顾一下我们的 A 模式，也就是观点，是自信表达。案例是我的一次失败的演说经历带来的一系列自我封闭的结果。我们的结论是自信，打开自我，连接世界。显然，通过这样一段 A，B，A+ 模式的阐述，可以把一个观点鲜活地演绎出来，带给别人更深刻的教育意义。

所以从今天开始，无论是生活，还是职场，当你要表达自我观点的时候，不要只是讲观点，还要讲道理，要学会用事例去演绎观点，让别人仿佛身临其境。

听了我这段参加学生会某部长竞选的内容，而你正好也有过这样的经历，或者你把自己移情、移景到大学那段时光，内心肯定会产生非常强烈的共鸣感。

演说，开启自信，打开自我，连接世界，甚至自己就能得出我想要升华的 A+ 结论。这就是论点演绎三步法的魅力。从今天开始，用这种方式来展示自我观点，彻底告别说教式的表达。

| 小节作业

"无练习，不演说"，我们来看一下本小节的作业：

用 A，B，A+ 模式做一个观点的演绎讲解。

第五节　并列逻辑拓维度

上一小节，从纵向角度来说，我们完成了对一个观点的深度演绎，这一小节我们阐述一下每个观点之间应该构建怎样的逻辑关系，达到共同的目标，从而为演说的核心主题服务。

在本章节的第一小节中，我们认知到了逻辑的本质是顺序，那我们日常使用的逻辑顺序有哪些呢？核心的五大顺序分别是并列、递进、因果、时间和空间。

| 并列顺序

什么是并列？记住这样一句话，并列是人类拓宽世界认知维度的核心方法。如果用语言描述并列，就是同一纬度、永不相交的平行线。如果用英文字母示意并列，就是ABCDE，首先是英文字母，其次必须都是大写。

举个例子。将一个事物的并列顺序地认知，看看它到底有多少个维度。

手上拿一支水笔，思考一下：水笔有多少个并列的维度呢？

有人说，水笔有形状、质量、功能、产地、材质、品牌、定位、价格、包装、销量。

显然，在不知不觉中，一支水笔可以讲十个不同的维度。

再举个例子。一个杯子有没有形状？有没有重量？有没有功能？产地、材质、品牌、定价、价格、包装、销量……都有，好像都差不多。

以人为例。人有什么？人的形状是人的外形，人的质量是人的品质，人的功能是人的职业，人的产地是人的家乡。

世界万物，大道至简，道之相通。只要把杯子研究透了，你就会发现看任何事物都可以用杯子的维度去拓展你的思维。

所以，从今天开始，不要再担心跟别人聊天没话题。面对一个客户，你觉得跟他没话题时，怎么办？既然水笔有十个维度，这个人我们也可以找十个维度。

品牌，人有没有品牌？

定位，人有没有定位？

价格，人在市场上有没有价码？当然有。

包装，人在市场上有没有包装？那就是一个人的形象设计。

销量，人在市场上有没有销量？当然有，多少个企业愿意抢你去工作，就是你的市场销量。

可见，通过并列，就拓展了自己对世界的认知维度，让我们有更多的话题与别人交流，从而也打开了我们的创新性思维！仿佛在大脑上空开了一个天窗，让我们可以从更多的维度去探知世界。

通过一个事物探知出它所有的维度，最后达到一点通、点点通。

回到第二章节中我所说的职业专业化，就是呼吁，尤其是工作5年到8年以上的职场中高管和创业者，一定要认识到职业背后的专业。只有研究透了专业，才能触类旁通，整合资源，进入不同的领域，形成整合性的跨界合作和颠覆式创新。

▎小节作业

"无练习，不演说"，找一个物体，分析一下它一共有多少个维度。

我们的作业分成两大模块：

模块1，随便找一个你熟悉的物体，分析它的并列维度，要求至少十个以上。

模块2，把十个并列维度，甚至十个以上的并列维度，同理到人的身上。

思考一下：今后跟客户交流时可以使用哪些跟水笔的维度相似的话题。这样我们以后与客户交流的话题库自然而然就生成了。

第六节　递进关系挖深度

什么是递进？递进是人类认知事物价值的核心方式。如何才能更加简洁明了地了解什么是递进？同样用英文字母来示意，递进就是从 A1 到 A2 到 A3 到 A4，不管 A 有多少，都是 A。

现实中，很多人经常把递进和因果混淆在一起。什么是因果？我们下一节课会来分享。

| 成功的捷径是元认知

成功有没有捷径？此时此刻可以来试想一下，在心里默默地回答我。结果肯定是，有人说有，有人说没有。我认为成功是有捷径的。成功的捷径可以用三个字来表达，叫作元认知。

那么，什么是元认知？这个概念由美国心理学家 J.H. 弗拉维尔提出，即对认知的认知。第一层认知是认识现象；第二层认知是认知现象背后的规律。

如何应用元认知来掌握成功的捷径？一共三句话：第一句话，发现规律，透过现象看本质，这个本质就是规律；第二句话，掌握规律，把握规律,为我所用;第三句话,制定规则,在熟练应用规律的前提下,制定出新的规则,让更多人参与进来。

从古至今,无论是商界领袖,抑或是政界领袖,他们能够成为这个世界某一领域的主宰者,无一不是能够发现规律、掌握规律并制定新的规则。

| 通过递进元认知了解事物价值

如何才能通过递进的元认知帮助我们了解事物的价值?要学会寻找表象认知,逐步探索到事物的核心价值。

举个例子。我手上拿着一支马克笔。

场景表象一:我用它上课板书,它的本质价值是什么?我的教学助手。

场景表象二:如果我把它送给朋友呢?它的本质价值就是我和朋友友谊的见证者。

场景表象三:同学听课时手中握着的笔,它的本质价值是什么?学习的记忆存储器。

场景表象四:这支笔如果握在司马迁手中呢?他的本质价值就是人类历史的书写者与见证者。

……

一支笔的价值,在不同的表象中,价值完成了不同的切换,教学助手、朋友友谊的见证者、学习的记忆存储器、人类历史的书写者与见证者。认知到事物的本质价值,我们就能从表象中完成迈向成功捷径的第一步,即规律的挖掘。紧接着是第二步"掌握规律",发挥出笔的上述场景价值,例如,送一支好笔给朋友建立友谊,每天用笔写日记,记录自己人生的历程等。当然,还可以到第三步"制定规则",例如,可以收藏别致的笔,展示在橱窗里,让它成为一件可以欣赏的艺术品。

看到这里,我们发现如何讲好递进?有这样一个公式:

事物+表象演绎+本质价值(发现规律)+价值应用(掌握规律)+价值转换(制定规则)。

举例:

这支笔(事物)我很喜欢,它是我过生日时朋友送给我的(表象演绎),这是我们友谊的象征(本质价值)。每每看到这支笔的时候,我都会非常怀念我们一起度过的美好青春时光(价值应用)。同时,这支笔也在时刻提醒我,只有真心对待身边的每一个人(价值转换),我们才能收获真挚的友谊。

小节作业

"无练习,不演说",本小节的作业如下:

运用递进公式,即事物+表象演绎+本质价值(发现规律)+价值应用(掌握规律)+价值转换(制定规则),模仿笔写一段话,可以是杯子、本子等物体,也可以是非实物。

第七节　因果逻辑建关系

什么是因果呢？用一句话解释，因果是万物互联的核心方式。这句话听上去有点神秘，进一步再描述一下，就像阿基米德说的那句话"给我一个支点，我可以撬起地球"。同样，在因果领域也可以说这样一句话："给我一个理由，我可以跟任何事物发生关系。"这就是因果的魅力。

用英文字母更直观地向大家展示，那就是：A 推导出 B，B 推导出 C，C 推导出 D，D 推导出 E。A、B、C、D、E 彼此之间没有任何关系，但它们可以通过因果关系建立关联。

|因果逻辑关系连接万物

佛家有这样的一句话："凡人畏果，菩萨畏因。"凡人担心找不到结果，果上努力，终究无果；菩萨担心找不到原因，因上努力，果上随缘。只要能够充分掌握因果逻辑的魅力，我们就可以成为最优秀的资源整合者。此话怎讲？就像人脉法则一样，人脉法则里有一个 ABC 法则，A 不认识 C，但 A 通过 B 认识了 C，B 就是桥梁，就是关键的"因"。

再举个例子。水和我如何发生关系？可以建立一个因果关联，我口渴了，想喝水。我和水本来没有任何关系，因为加了一个理由"口渴了"，我和水就发生了关系。

再举个例子。例如，汽修工、风扇。汽修工和风扇之间怎么可能发生关系？汽修工在修汽车时很热，需要风扇给他降温，手才不会打滑，才能更好地拧好汽车的螺丝钉。显然，只是因为加了这样一个理由，汽车和风扇也发生了关系。

风扇和汽车之间有可能发生关系吗？当然有可能。空调的风力不大，在里面额外加一个风扇，增加风力，汽车和风扇之间又建立了关系。

可见，只要充分地发掘理由，你会发现任何事物之间都可以因为一个合理的理由建立因果关系，实现资源整合的目的。

┃小节作业

"无练习，不演说"，本小节的作业很简单，分成两个步骤：

步骤1，在生活中找一些没有任何关系的事物，把它变成词组，写在你的本子上或手机上。

步骤2，找到它们之间可以嫁接的一个理由，让他们发生关系，最终构建因果关系。

可能刚开始理由有点无厘头，不过没关系，哪怕搞笑也可以，关键是让它们之间发生关系，久而久之理由就会变得更加合情合理。恭喜你，因果关系训练就到位了。

我们通过三小节学了常用的三大基础逻辑关系。第一，并列拓展世界的认知维度。第二，递进让我们认知到世界的本质。第三，因果让我们在世界万物之间都能够建立联系，从而整合资源。希望大家可以用这三种逻辑关系构建自己的思维模型库，让沟通更加高效，行为更快落地。

第八节　时间逻辑好总结

| 时间的三大特性

时间有三大核心特征，一定要深刻理解，如果忽视了时间的特征，那人生也就毫无意义了。

（1）时间的确定性。时间是世上最确定的元素，不确定的是人的承诺。所以，当你给出时间，就意味着在那一刻，你所预想的，你所承诺的，一切都要尘埃落定。这就是时间对目标推动的神奇效果。例如，影视剧中，将军下达命令时都会这样说："给你三天时间，拿下麦城，不管用什么方法，拿不下，提头来见。"

这就是时间确定性的魅力。

（2）时间的不可逆。生命只有一次，一定要倍感珍惜。其实，其中阐述的原理就是时间的不可逆性。虽然几千年来人们写了许多感叹"时间流逝"的文字，不管是"时不我待"，还是"时不我与"；不管是赞颂讴歌，还是悲声哀叹，大家关注的重点都在时间的不可逆性上。

"子在川上曰，逝者如斯夫"，时间如果可逆，夫子如果可以复生，他就不会有"获麟之悲";如果时间永远存在,人类长生不老,将有什么可以悲叹的呢?问题是,时间是不可逆转的。这是我们这个世界的法则。许多悲剧的产生,都是在"时间不可逆转"的这个大框架下完成的。"如果当时可以,那我就能怎么怎么样。""如果早知道,我就不那么做了。""如果时间可以重来,我将会如何如何。"悔不当初,那当初干吗去了?

(3)时间的持续性。时间不会停止,你用计时器停止的是你定义的时间,真正的时间是无法停止的。

人生只有两个时间,过去和未来。当下根本不存在,因为人不可能同时穿过一条河流。

这里面有两个特殊的含义:

①一件事情要达到好的结果,一定要有时间的持续性。

②一件事情的结束,也是下一件事情的开始,因为时间没有终点。拿生命来说,未来我们的生命结束了,子女就是我们生命的延续。从生物繁衍的角度来说,就是保证了生命的延续、时间的持续。

理解了这一点,就能明白:有沉淀的生命,讲究的是细水长流,精耕细作,打造精品人生,才不会辜负这无限延续的生命过程。

掌握了时间的这三层特性,在运用时间维度表达时,就能一语道破,极具影响力。

赵本山、崔永元还有宋丹丹曾经演了一个全国皆知的小品,叫作《昨天、今天和明天》。

宋丹丹有一段对白是:"昨天来,今天录节目,明天回去。车票什么时候能报一下?"当时,崔永元一听就笑了,观众也哈哈大笑。

| 时间维度的应用

显然,崔永元这里问的"昨天、今天和明天",并不是问他昨天干嘛、今天干嘛、明天要干嘛;问的昨天代表过去,今天代表现在,明天代表未来。过去、现在和未来,这样的时间逻辑特别适合用于总结性会议,无论是平时总结,还是年度会议总结。

举个例子,年度总结会议时,可以这样说:"回望过去,我们做了哪些事情?站在今天,我们取得了哪些成果?展望未来,我们还有怎样远大的发展目标?"过去、今天和未来的时间结构是一个非常好的用于总结性会议的发言公式。

当然,给别人布置工作的时候,也可以用时间的逻辑来进行布置。例如,小王你上午做什么事,下午做什么事,晚上下班之前再做一件什么事。你们会发现,时间逻辑可以更好地把事情布置安排下去。

所以,从今往后参加各种总结性会议时,要学会使用时间逻辑顺序;和别人沟通事务,进行敲定和任务布置时,也要学会使用时间逻辑顺序。

小节作业

"无练习,不演说",进入作业环节。我们的作业环节分成两个步骤:

步骤1,用"昨天、今天和明天"抑或是"过去、现在和未来"做一个自我总结。

步骤2,用时间的逻辑和同事或家人进行一下事务的安排,看看对方会不会把事情做得更加准时准点,符合你的要求。

第九节　空间逻辑话好听

为什么叫"空间逻辑话好听"？因为不管在任何场合，无论是有领导、同事还是有下属参加时，都能把话说得八面玲珑。

一些学员总是对我说："老师，我们在企业里身居高位。"（这里我特别提示一下，这些学员基本上都是企业内部的主管、高管，或者创始人）他说，自己走到这个位置很不容易，到了这个位置，更不容易的是要讲话。讲话时怎样才能多方兼顾、八面玲珑？当不小心讲错一句话时，应该怎么办？很可能会伤了仕途之路，顺便也伤了人民币，怎么办？

每到这时，我都会为学员做定制化的私人辅导，一对一地给他打造专属的话术体系，帮助他在企业内部讲话八面玲珑。这个体系是怎么打造的？这里就涉及了今天要讲的主题"空间逻辑话好听"。

空间逻辑

空间维度是怎么展现我们的讲话逻辑的？核心分两大块：第一大块叫上下内外，第二大块叫前后左右。上下内外是空间大幅度的立体化顺序，前后左右是平面化的空间顺序。

首先来讲一下上下内外。我觉得上下内外特别适合在企业内部身居高位的人，这可以使他们讲话八面玲珑。

对上：讲话要符合领导方针，符合公司的战略发展方向，符合公司的文化理念。

对下：要触达民众感情，符合用户需求，不能脱离群众基础。

对内：要认清自我，专业定位，讲自己的事，不要讲到别人的一亩三分地去，否则会让别人心里不爽。

对外：要学会借鉴兄弟部门的成功经验，只有推崇兄弟部门，人家才会推崇你。所以，千万不要只顾讲自己，也要同时兼顾到外部的兄弟部门，相互协调配合，进一步来说，还可以是同行的交流互动。

上下内外，就能将整个关系整得妥妥的。

其次，讲一下平面关系，也就是前后左右。做事情不能只顾前不顾后，要瞻前顾后，这样代表了思考的连续性。另外，还要左右逢源，跟同事协调的时候，左右之间要互相支持和配合。

可见，空间逻辑，上下内外、前后左右，可以帮助我们左右逢源、八面玲珑。

小节作业

"无练习，不演说"，本小节的作业如下：

光说不练假把式，此时此刻你就可以用上下内外设计一段演说内容，在明天早会的时候做一个分享，看看感觉如何，是不是能够达到八面玲珑的效果，期待你的好消息。

第十节　六字即兴脱口出

很多学员总是跟我说:"老师你不知道,被别人邀请参加一些大型活动,抑或是参加公司部门大型会议,本来是一件荣幸的事,结果在现场突然被邀请上台发言,没有提前通知,也完全没有准备,那真是灾难。甚至还有很多小伙伴因此丢过人,从此以后再也不敢随便参加任何被邀请的活动了!"

学完这一小节的内容后,就再也不用担心参加活动时被邀请上台发言了。

| 六字即兴演说公式

"六字即兴脱口出"就是本小节的主题。这六字很简单:感谢、回顾、祝愿。

举个例子,假如我们参加公司的年度总结大会,应该怎么说?

"非常感谢张总给我这样一次分享的机会,也非常感谢公司同人对我的支持和鼓励,首先给我们自己一个热烈的掌声。

"回顾公司这一年多的发展,内心感慨良多,看到每个同事都在拼搏奋进,朝着目标步步紧逼,最终实现了目标,甚至还超额完成,我的内心无比激动,为有这样一个平台而感到荣幸。

"今天,我想着重分享内心的三点感受。

"第一,成长成才。我觉得任何成就都来自我们的成长,在过去的一年中,我们的学习一直都在引领着我们前行。我们之所以能遇到任何问题都不怕,关键在于我们敢于学习,勇于学习,乐于学习,也正是因为这样,我们才能迎难而上,勇敢地解决问题。

"第二,分享互助。在整个团队中,小伙伴们都能够分享彼此的成功经验,互相支持和帮助,也正因为团队分享互助的精神,使得我们团队的凝聚力很强。一个人可以走得很快,但一群人才能走得更远,才能达成我们远大的目标。

"第三,发展规划。我觉得一个公司,好的发展规划特别重要,也正是因为公司领导制定了良好的发展规划,才使得所有人都越干越有劲,越干越能看到希望。我这里要特别感谢我们张总,在战略发展规划方面给我们整个部门反复讲解和支持,特别感谢。

"最后,我祝愿公司在下一年能够更上一层楼,达成我们更加远大的目标。同时,也期待在来年的工作总结会议上,我们仍然能够获得喜人的成果,欢聚一堂,共襄盛举。"

这段分享确实精彩纷呈。通过这段演说可以看到,其实整个即兴演说公式就是三个模块，分为六个关键知识点。

模块1，感谢。感谢要有感谢清单，我们刚刚开始感谢了领导的邀请，感谢了所有的同事。感谢完之后要掌声相送，一鼓掌，氛围就热烈了。

模块2，回顾。回顾分为两点：第一，讲感受。回顾这一年，很多内心的感受都可以讲出来，可以讲些溢美之词，大家听完都很开心。不过，不能只讲溢美之词，还要讲些干货，可以参考我刚刚例子中的三点干货。第二，讲成果。讲在过去的一年里取得的成果。

模块3，祝福。顾名思义，送出美好祝福，同时还要再续前缘，期待下一次再有这样美好的活动。

| 小节作业

"无练习，不演说"，本次作业很简单，具体如下：

做一个场景模拟，模拟你参加今年年底的年度总结大会，现场要做的即兴演说，看你如何用感谢、回顾和祝愿做一个精彩纷呈的年度总结即兴演说。

第十一节　万能公式江湖走

很多学员总是跟我说:"上台演说很痛苦,第一,不敢上;第二,即使敢上,讲话却不知道怎么开头,不知道怎么结尾,总是觉得讲得很乱。"

今天,我们就来分享一个万能的江湖演说公式,帮助大家在任何时候都能讲话有头有尾、有条理。

| 六字万能演说公式

举个事例。

"亲爱的各位同学们,大家好,非常高兴能够给大家分享一个主题叫梦想。我叫铁军。关于梦想这个主题,我想着重讲三点。

"第一,选择。选择好的方向,能够帮助我们达成梦想。俗话说,选择大于努力。

"第二,坚持。天赋就是持续不断的忍耐与坚持,这是法国作家伏尔泰的一句名言,也是我的人生格言。只有不断坚持,我们才能到达成功的彼岸。

"第三，贵人。俗话说，读万卷书不如行万里路，行万里路不如阅人无数，阅人无数，不如名师指路，名师指路不如贵人相助。贵人能够帮助我们解决人生梦想中的难点问题。

"感谢大家的聆听，希望大家都能够拥有自己的梦想，最后预祝大家梦想成真。"

这段演说，被我做了演绎，显得有头有尾有条理。整篇稿子其实用了六个字，即"问，题，名，感，动，美"。

第一步，问。就是问好，比如，"亲爱的各位同学们，大家好"。

第二步，题。就是明确演说的主题，比如，"很高兴给大家分享一个主题叫梦想"。

第三步，名。顾名思义，就是介绍自己。这里，可以使用三三原则。比如，"关于梦想这个主题，我想着重讲三点，第一……第二……第三……"，这一点在整个逻辑篇开篇的第二小节内容，开口1、2、3点，早已讲过，即构建我们的句式讲话逻辑。

第四步，感谢。

第五步，动。动是呼吁行动，比如，"希望大家都能够拥有自己的梦想"。

第六步，美。送出美好祝福，比如，"预祝大家梦想成真！"

这六个字是不是很简单？

再举几个例子。

例如，召开公司部门会议，就可以这么说："各位同事们大家好，非常高兴来汇报一下我的工作，我叫某某。关于我的工作汇报，我想着重讲三点：第一，业绩汇报；第二，方法改进；第三，下个月的规划。感谢大家的倾听，希望我们能够通过不断的改进，更好地达成下个月的目标。最后预祝我们部门更上一层楼。"

再举个例子。假如我们给小孩开生日 party，怎么用这个公式呢？"亲爱的各位朋友们，大家晚上好，非常高兴大家来参加小朋友的十岁生日 party，我叫某某。今晚 party 主要分三个环节，第一个环节是游戏互动；第二个环节是蛋糕仪式；第三个环节是晚宴节目。感谢大家的到来，希望大家吃好喝好，最后祝小朋友们开心快乐每一天。"

小节作业

"无练习，不演说"，本小节的作业如下：

无论是竞选、生日聚会、晚宴，还是年终总结，任选一个场景，结合我们的万能公式，做一篇场景的演说表达，可以先写一下稿子。

第十二节　知识讲解三步法

很多人在中年时做到了高管,会被邀请去讲课。但他们其实不是讲课,而是做经验的分享,讲了半天,可能干货只有一点。到底什么是干货?我们今天来讲一讲这个话题。

| 三步解剖知识点

干货就是知识点。如何解剖知识点?核心三步法:第一步,是什么?第二步,为什么?第三步,怎么办?是什么,是给知识点下定义。为什么,是知识点带给我们的好处、目的和作用。怎么办,是操作步骤。

什么是下定义?下定义是人类对世界的终极认知方法。很多时候,我们之所以有认知盲障,就是因为对很多事物的理解,都只是约定俗成地"喊名字"。你再问他这具体是什么,他就不知道了。

例如,我问大家什么是保温杯?谁能给我一个完美的定义?很少能有回答。这里我就可以给大家一个完美的定义:"什么是保温杯?保温杯一般由陶瓷或不锈钢制成,是通过杯体做成真空绝热层,使得装在内部的水等液体延缓散热,达到保温目的的盛水容器。"

真长见识,从来没有这样系统地理解过保温杯。我们平时对保温杯的理解是什么？不就是保温嘛。解剖一下这个架构，哪个句式能够帮助我们更好地下定义？很简单。"由XX制成，通过XX达到XX的XX。"由XX制成，讲的是它的属性（非物质概念这一块也可以省略）；通过XX，讲的是它的技术；达到XX，讲的是它的功能，最后的XX说的是它的本质。

一个完整的定义应该包含了"为什么""怎么办""本质是什么"，还包含了知识点的本质揭秘，带给我们的好处，也包含了我们可以怎么去获取这个知识点。

保温杯的本质是什么？容器。保温杯的好处是什么？有两点：第一，盛水；第二，保温。对于"怎么办"，保温杯的制作，也分两步：第一步，选材得是陶瓷或者不锈钢；第二步，真空绝热。所谓真空绝热，就是抽掉空气，留下真空，达到保温的效果。

小节作业

"无练习，不演说"，布置一下本小节的作业。

每个人都可以从身边找一个物体，只要是自己最熟悉的就行，给它下一个定义。通过我们的句式："什么是由什么制成的，通过什么方式达到什么效果的什么"，写一个完整的定义。写完之后，再从里面找出"为什么"，也就是目的和好处，以及"怎么办"。

相信通过这种方法的整理，你的知识点会越来越多，你知识的储备量也会越来越大，今后与别人沟通的时候就能更好地讲清楚一件事情，并把这件事情复制给别人，教会别人怎么做。

第四章　演说的肢体语言

演说不仅仅是一门语言艺术，更是一种表演艺术。这里的表演就是肢体语言等的运用。演说时演说者不能像根棍子似的僵硬地站在舞台上，而应该将自己的手脚、面部表情等充分运用起来，展现出一个鲜活的有吸引力的演说场景。

第一节　肢体魅力神奇3密码

所谓演说，主要是指在公共场合，以口头语言为主要手段，以肢体语言为辅助手段，针对某一具体问题，清晰、完整地表达自己的观点和看法，达到澄清事物或表达感情、进行宣传鼓动的一种语言交流活动。通过以上定义可以发现，演说的核心共由三个模块组成，那就是内容、声音和肢体。

| 肢体语言是一种无声的语言

事实证明，优秀的演说者在舞台上的演说都充满了魅力，那怎么样的演说才会充满魅力呢？要点之一就是将肢体语言融入演说。

通过一个人的肢体动作，可以了解到他的思想意识、情绪变化等。演说者从出场到演说再到致谢结束，以及演说中的整个过程，肢体语言往往比有声语言更加真实可信。经常活跃在公众视线中的演说名人，如罗永浩、董明珠等，他们的肢体动作就非常丰富、具有无限张力，声音忽高忽低，表情变幻莫测，可以在不经意间把听众带入他的世界，举手投足间充满了灵动与热忱，透过情绪的扩张与带动，实现极富生命力的表达力量。

肢体语言对演说效果的影响高达 55%

行为学家和心理学家历经多年的研究发现，关于这三个模块对演说现场效果的影响，有三个神奇的数字分别代表它们的影响力值，即内容占 7 分、声音占 38 分、肢体语言占 55 分。

听到这里，可能有些人会感到好奇，演说内容为何还没有肢体语言占的分值多？这里的主要原因就在于，在没进化有声语言之前、在没发明出文字语言之前，人类更多地是通过肢体语言去沟通的。举个例子，很多人都看过卓别林的无声喜剧，其实只要认真观察就会发现，在他演绎电影片段的时候，都是通过肢体语言的丰富性来体现暗讽的喜剧效果的。

演说是一种综合性的动态活动，演说者要想把自己的主张和见解传达给听众，需要具备一定的"演"的功夫，把内部语言转化为外部语言；如果其中渗透着强烈的感情因素，还需要通过肢体行为、手部动作或眼神等来协同传输外部语言。

四个层面提升肢体语言

肢体语言是演说的第一语言，因此，为了提高演说效果，平时就要努力提升肢体的语言魅力。那么，如何才能提升肢体语言的魅力呢？可以从三个模块来解决这个问题。

第一个模块，站姿。

俗话说"行如风，坐如钟，站如松"，站姿对演说者的表现力发挥着重要作用。

现实中，演说者常用的站姿主要有这样几种，具体如下：

（1）前进式。这种姿势是演说者使用最多的，也是最灵活的一种站姿。具体方式是：右脚在前，左脚在后，前脚脚尖指向正前方或稍向外侧斜，两脚延长线的夹角呈45度左右，脚跟距离在15厘米左右。这种姿势的重心没有固定，可以随着上身前倾与后移的变化分别定在前脚跟与后脚上，不会因时间长而身体无变化，不美观。另外，采用这种站姿，肢体动作就能灵活多变，比如，随着上身的前后、左右或转动，就能呈现出不同的手部姿势，表达出不同的感情。

（2）稍息式。具体方式是：一脚自然站立，另一只脚向前迈出半步，两脚跟之间相距约12厘米，两脚之间形成75度夹角，重心落在后脚上。长时间站着演说，如果中间想更换姿势，就可以使用这种姿势，使身体在短时间得到放松，得到休息。

（3）自然式。具体方式是：两脚自然分开，平行相距与肩同宽，约20厘米。不要太平，否则会影响呼吸和声音的表达；也不要太近，否则会显得拘束。

第二个模块，手势。

只要一站上讲台，有些人就会感到手部难受，完全不知道该往哪放，有些人甚至还会有点手舞足蹈。这样的手势是不利于演说成功的。要提高演说的魅力，就要掌握通用的几种手势。

（1）黄金三角。这种手势，在演说过程中都可以使用，没有特殊意义。具体方法是：双手摆一个三角形，更常用的是双手交叉，呈现一个三角形，放在肚脐上下。演说中，如果不知道应该将自己的手安放在哪里，感到紧张，就可以使用这个姿势，能够给人一种安全感。

（2）摊手。这种动作没有具体的意思，是一种情绪的传递，给人以舒适、落落大方的感觉。具体方法是：双手自然打开放在胸前，就像面前有一张桌子，用手把桌子上的东西都推开。既不要太高，也不要太低。该方法在整个演说过程中都可以使用。

（3）仿真手势。如果想形象地表演事物、人、动物、数字等，只求神似，不求形似，就可以使用这种手势。具体方法是：用双手比画，比如1、2、3点，可以伸出手指表示1、2、3，也可以双手围绕成一个圈，像一个大西瓜。如此，会更有画面感，更有趣，容易让人记住。

（4）手包。如果想强调一件事情、罗列重点等，就可以使用这种手势，具体方法是：五根手势捏在一起，指尖向上。这个手势可以加强语气，加深观众对演说内容的印象。适合女性演说者。

（5）感谢。如果想对听众表达感谢，就可以使用这种手势，具体方法是：微微合掌点头或优雅公主礼，即右手按在胸口，身体微微鞠躬前倾。可以是对现场观众，也可以作为演说结束的必用动作。这动作很有仪式感，既不影响拿麦克风，看起来又非常优雅，适合女性演说者。

具体的演说手势千变万化、没有定式，演说者要根据实际情况灵活应对，合理运用。

第三个模块，微笑。

这是演讲台破冰的核心秘诀，可以让我们在演讲台上随时随地绽放出灿烂的微笑。

在多数人的印象中，能够展现出发自内心微笑的人，心地都非常善良，是可以信赖的人。作为一名演说者，在演说中面带微笑，不但可以给听众一种温和开朗的印象，还可以营造一种融洽气氛。如果你的演说内容和听众的认知有偏差，或有人提出了刻意刁难的问题，就可以用微笑消除听众的抵触情绪，激发听众的感情，缓解场面的矛盾，避免冲突的发生。

当然，演说中的微笑讲究一定的时机，选错了时机，同样也无法取得良好的演说效果。

（1）上台和下台时，要面带微笑。上台时的微笑可以给听众留下良好的第一印象，促近演说者与听众的关系。下台时的微笑，可以给演说做一个良好的结尾，使听众感到温馨和意犹未尽。

（2）赞美歌颂一些人、一些事时，要面带微笑。因为只有微笑才能代表演说者的赞美是发自内心的，才能加强演说的感染力。面无表情地发表赞美，会让听众觉得你的赞美是虚伪的，没有加入感情的微笑，演说的效果和影响力就会大打折扣。

（3）面对听众提问时，要面带微笑。这样做，原因有两个：一是表示对听众的尊重；二是通过微笑鼓励听众说出自己的想法。

（4）即使遇到反对的声音，也要微笑面对。演说中，听到了不同或批判的声音，要微笑着聆听。因为每个人的观点和看法都不尽相同，通过听众的反对意见，同样可以学到很多东西，还能使得演说现场气氛活跃起来。

（5）遇到了大声喧哗或捣乱的听众，也要微笑。听众大声喧哗或捣乱，不能大声训斥。一方面这是在公共场合的基本礼仪，另一方面怒目相对也会影响其他听众，使他们觉得扫兴。这时候，可以略略停顿一小会儿，让听众自发地维持会场的纪律，等会场稍微安静一些时，再面带微笑地对扰乱了演说的人进行含蓄批评。

把手势和表情合二为一，就能构建出一种与观众良好互动的画面感。使用这种互动技巧，不仅可以提升我们在听众心目中的亲和力，还能帮助我们化解演说的紧张情绪，而这也是最重要的。

该方法出自世界顶尖 CEO 演说教练杰瑞·魏斯曼写的一本叫作《臻于完美的演说》的书，是帮助 CEO 们突破恐惧的一种核心方法。

小节作业

"无练习，不演说"，本小节的作业如下：

找些优秀演说的视频，学习演说者的站姿和动作，以及他们的表情，看看他们是如何随心所欲且恰到好处地做出这些动作、姿势或表情的。

第二节　魅力台风一首诗，站出台上满气势

| 台风决定演说的成败

演说是一门综合艺术，既要求演说者有好的故事，也需要有得体的台风。站在演讲台上，演说者左右移动重心，会使人认为你心神不定；如果说话时喜欢望天，会让人觉得你目空一切或思想不集中；习惯性地低头看稿或看地板，不注意与听众交流，会让人觉得你有些不自信。

前面已经提到，演说的时候内容为王，而多数人认为内容主要包括文字和图片，觉得声音不太重要，视觉同样不重要。实际上，演说的理想状态首先应该从内容的规划开始，其次才是具体的表达方式。但大量事实告诉我们，一旦演说正式开始，演说者的表达方式往往更容易给听众留下印象，远胜于具体内容。

举个例子。对同事或异性朋友表达一下"我喜欢你"，一种方式是带着表情、有温度的表达，一种是冷淡的表达。简单的四个字，用不同的声音和表情来表达，会给对方留下完全不同的感受。

可见，演说的视觉呈现，也就是台风，并不是可有可无的，甚至还决

定着演说的成败。大气从容的台风能够让演说者轻松控场，因此演说时一定要表现出从容和大气。

| 台风修炼

事实证明，从走上舞台的那一刻起，听众就已经在心里为演说者打分了。而演说者的台风主要体现在仪容、步伐、姿势、眼神等几方面。因此，要想修炼台风，演说者就要关注我总结的以下三个内容：

1. 环视周围

为了达到有效控场的目的，演说者上台后，首先要面带微笑，用目光环视现场。那么，如何环视呢？核心就是"两边夹中间，后面压前面"。简而言之就是，先看左边，再看右边，接着目光往后看，最后从后面移到中前方。通过短暂的两三秒钟的目光调节，就能有效控制全场，让听众把注意力集中在你身上。

2. 把锁骨向前引

站在台上，含胸驼背，是无法体现出演说者气质的，最好将锁骨往前引，像一根绳子向上拉你一样。如果不知道自己的锁骨在哪，可以先试着摸摸，它就是你下巴下面最高的两根骨头。然后，两肩自然放松下垂，这时候，男生会显得气宇轩昂，女生会显得亭亭玉立。

如果你不知道自己的动作正确与否？就可以把手放在背后的肩胛骨之间，如果感觉到肩胛骨由于锁骨前引两肩自然下垂，而有凹槽，那就说明你的动作是正确的。

3.学会握拳

如果想让自己充满气势,就要学会握拳,具体方法就是,将两肘贴在两胯旁,在肚脐之前握拳。当然,不同性别的演说者,拳的握法也不同。比如,女士将虎口交叉握拳,上面那只手稍呈现一点兰花指,会让你显得优雅(见图4-1)。

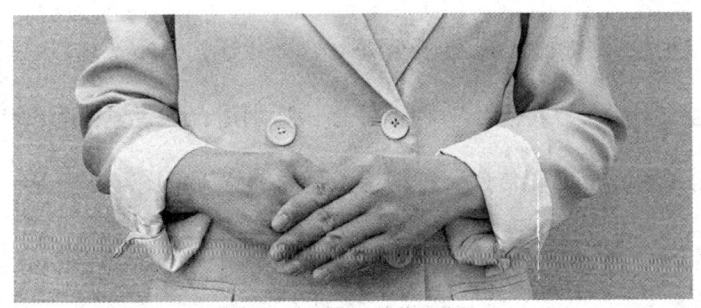

图4-1　女士动作要领

而男士共有三种握法:第一种是十指交叉。这种握拳姿势会传递出演说者的决策力和判断力,通常企业家使用较多(见图4-2)。

图4-2　男士十指交叉

第二种是恭喜发财的手势。就是将手放在肚子前面。这种手势可以传递出一种期待成功的信心。就像一个人一只手握拳,击打另一只手的掌心,信心感不言而喻(见图4-3)。

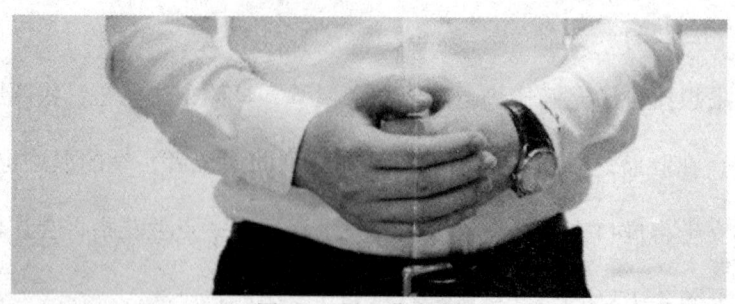

图4-3 男士恭喜发财

第三种是两手相握。这种姿势如同握手一样，只不过是自己的左手握右手。这种手势可以传递出一种把握感，特别适合演说紧张者使用，越紧张，握得越紧，反而能传递一种把握十足的感觉（见图4-4）。

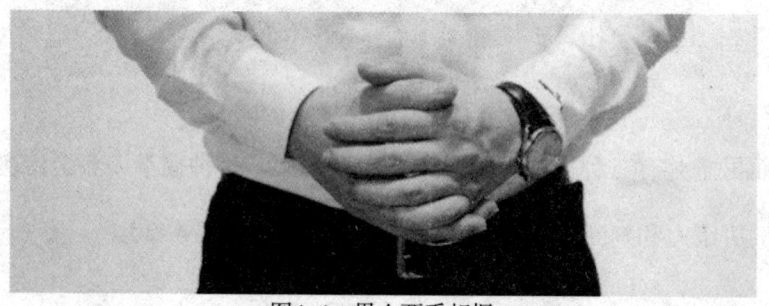

图4-4 男士两手相握

另外，握拳还有两个核心要求：第一，握拳拳心对着肚脐，既不要太向上，也不要太向下，否则都不好看；第二，握拳和肚脐保持半拳或一拳的距离，看起来会更加宽松自如。

第四种是"双膝后压并三秒"。

这个方法的具体要领是：

双膝后压。站在台上，双膝后压，防止腿不由自主地颤抖；同时，膝盖后压，锁骨是前引的，整个人会形成一个"S"形的受力模型，显得更加挺拔。

并三秒。双脚并立静站，男生两脚之间的距离大于或等于一拳，女生两脚之间的距离小于或等于一拳。并列好之后，安定三秒钟。

站好站姿，再开口演说。这就叫"双膝后压并三秒"。

以上就是站姿的四句口诀。只要大家认真背诵，然后像扫描仪一样边背口诀边从头到脚调整自己的站姿。从今天开始，随时都能绽放出魅力站姿。

当然，如果你觉得自己站得不够挺拔，还可以选择"五点贴墙法"来进行站姿的挺拔度训练。哪五点呢？第一，后脑勺；第二，肩胛骨；第三，臀部；第四，小腿；第五，脚后跟。通过这种训练，就可以让自己变得更加挺拔。每天10分钟，坚持21天，就能将挺拔站立养成一种好习惯。

| 小节作业

"无练习，不演说"，本小节的作业核心分两个步骤：

步骤1，熟练背诵台风口诀。

步骤2，站起来表达观点时，随时随地用台风口诀来调整站姿，保证自己在讲话时呈现魅力站姿。

第三节 学习手势一招来，演讲台上是精彩

上台演说，很多人能勇敢地站到台上就已经很了不起了，更别说还要做手势。通常，没专业学习过演说手势的人站在演讲台上会有两种表现：第一，完全没有手势，整个人像木头一样僵在那里；第二，手舞足蹈，自己舞得很开心，但可能一不小心的动作就"误伤"了听众，让听众会错了意。

| 为什么有人说话喜欢带手势？

德国研究者开展过一项实验表明，人在发出声音时，天生就有一定的动手习惯，打手势会产生一些物理刺激，从而影响发声系统。这可从生物力学角度来解释。相关成果论文登上了权威期刊 Neuroscience and Biobehavioral Reviews。

实际上，人的发声系统涉及多个器官，除了声带、喉头等发声器官外，还包括口、鼻、肺、横膈膜等呼吸器官。试想一下，在学习声乐时，老师一般都会鼓励大家运用腹式呼吸来发音，因为这样可把气息往上托出，让声音更有穿透力。而上肢运动也会影响横膈膜和肺部等器官的伸

缩，进而影响到人的发声过程。

研究者指出，人们在婴儿时期就会打手语——确实，刚出生的宝宝通常都会一边哇哇大哭，一边手舞足蹈。这和自然界中许多动物的行为类似，比如老鼠、蝙蝠、鸟类等都会在发出声音的同时做一些动作。具体而言，例如，飞翔的蝙蝠，为了定位而发出超声波的行为，一般和其翅膀扇动频率同步。

此前荷兰的团队研究发现，使用手语还能提高他人理解的准确性。演说者配合适当的手势，听众理解的准确度可以提高 20%。

手势的四个要求

我们这里的手势训练，并不是刻板地为了练习手势而练手势，而是通过对演说者在手势方面常犯误区的纠正，进行反向调节，概括出一个基本功性质的手势训练要求。

1. 抬一拳

有些演说者喜欢夹着腋窝做手势，但这样做只会让整个人显得特别小气。站在台上演说，为了呈现强大的气势，可以把手臂抬起来，腋下留一个拳头的距离。

2. 手腕硬

站在台上，将手腕转来转去，如同小说中的人物"东方不败"在台上玩绣花针一样，会显得特别猥琐。为了呈现强有力的气势，建议做一些臂膀性动作，就是手腕不动，由大臂带动小臂运动，大开大合，舞出大气势。

3. 刀根力

很多人都会在家里做饭切菜，认真观察就会发现，用刀的根部去切菜，会更有力道感。同样，演说中做手势也要用手的根部去切。

演说时，很多人喜欢甩手指尖，结果一不小心就往下甩了，给人以负面、消极、憎恶和厌烦的印象。而"手向上"代表的才是正能量和美好愿望，因此为了呈现有力的气势，就要调整自己的手势，即"用刀根发力"。要用手的根部发力，切完之后保证整个手势是向上的。

4. 虎口开

在台上张牙舞爪，跟鸡爪一样，显得特别难看，不优雅、不端庄；为了显示自己的专业范，就要将四指并拢、五指伸直。

通过以上四个要求，就能规范手势的基本功动作。当然，这里的关键就是一个"切"字。那么，如何练就"切"的基本功呢？简而言之就是：

（1）抬一拳。手臂抬腋下一拳。

（2）手腕硬。手腕不做环绕性动作，手腕是硬的，用臂膀来进行大臂带小臂的运动。

（3）刀根力。用手根发力，切完之后，手势向上传递正能量（见图4-5）。

（4）虎口开。四肢并拢，五指伸直，魅力范儿十足，专业范儿十足（见图4-6）。

图4-5　手势一

图4-6　手势二

小节作业

"无练习，不演说"，本小节作业核心分两步：

步骤1，对着墙，左切右切，上切中切，反复结合四个要领来练习切这个动作。建议每天至少练百遍以上，这样才会有效果。我当初练习的时候，每天至少切一千遍以上。

步骤2，边切边配合演说内容，把手势和内容进行有效的配合再展现出来。你会发现，手势可以慢慢地加强你内容的展现力和感染力。

第四节　一笑倾国一个字，瞬间破冰满场是

上台演说很多人之所以感到非常紧张尴尬，一个原因是自己太过紧张，听众听起来觉得不舒服；将听众的不舒服看在眼里，你就会感到更加紧张。可见，问题的根源还在自身。

那么，站上讲台，如何才能跟听众形成良性互动，让听众给予我们更好的支持呢？核心两个字：微笑。

常言道："喜欢微笑的人运气一定不会太差。"进行演说时，面对听众，演说者一定要记得微笑。

作为演说者，在演说中面带微笑，不但可以给听众一种温和开朗的印象，还可以营造一种融洽的演说氛围。

| 保持微笑是一种能力

记住"保持微笑"这四个字，你就能在演讲台上随时随地绽放出灿烂的微笑，与听众构建起亲和的友谊关系。

有人说，微笑谁不会？这件事不用你说，我也知道上台要微笑。但是，开心时人们都会笑，你能否保证不管在任何时候，自己说的每一句

话，哪怕是和开心没有关系的事情时，依然能够微笑地讲完吗？

听到开心的事去笑，这是人的本能，每个人都可以做到。但在演讲台这样一个高压的环境中，能够保证自己说每句话都能绽放出灿烂的微笑，让听众感觉到你的亲和力，就是一项能力。

那么，如何练就这样的微笑亲和力呢？有人说，空姐都是用筷子练习微笑的，那是不是我们每个人都要拿根筷子，整天衔着？显然，这是不可能的。我们没时间一天到晚都衔筷子，毕竟我们不是在学礼仪，不能像空姐一样做专业化的微笑。

|"引"字练习

自己如何才能在演说时绽放出灿烂微笑呢？其实，无论是在家里，还是在上班的路上，抑或是在工作中，只要你想笑，都能够通过一个方法来练习，让自己绽放出灿烂微笑。

先跟大家分享一下我自己的经历。过去的我也不太喜欢微笑，喜欢那种酷酷的不笑的感觉。后来，很多同学付费来学习都说，我们付钱是来学习的，能不能给个笑脸呢？为了解决这个问题，我苦苦求索，如何才能让自己站在台上随时随地讲每句话都笑？后来，我在一本书中找到了一个非常好的方法，叫《从头到脚都健康》，方法很简单，也很有效。

这个方法要求我们练好一个字，就是"引"。当我们读"引"的时候，嘴角上扬，眉角上扬，再加上一点夸张演绎，灿烂的微笑就出来了。

演讲台上的影响力法则告诉我们，台上100度，台下80度；台上80

度，台下60度；台上60度，台下没温度。因此，站在演讲台上，一定要有夸张的演绎，让听众感受到你的热情和亲和力！

当然，为了提高效果，每天都要练习一百遍，持续21天，把它变成一种习惯。

一百遍，怎么练习？可以这样来练习：引一、引二、引三、引四、引五、引六。当然，要保持"引"的姿势不变，数1、2、3，只是辅助，不管"引"了多少下，口型依然是"引"的姿势，当你"引"到一百时，你会发现自己的脸也会抽筋。没关系！揉一揉，下次再练习一百遍。久而久之，你的脸部就会形成一种肌肉记忆，只要遇到人，"引"，就会立刻绽放出灿烂微笑。带着"引"的感觉去演说，去表达，你的每句话都是一种灿烂的微笑，情感的传递！

当你的演说内容和听众的认知有所偏差，或出现刻意刁难的问题时，微笑一下，就能消除听众的抵触情绪，激发听众的感情，缓解场面上的矛盾，避免冲突的发生。

有魅力的微笑是天生的，但通过后天不断练习，也可以拥有人为的迷人微笑。想要练好微笑，最重要的是在嘴形上下功夫。面部肌肉跟其他的肌肉一样，使用得越多，越能形成正确的移动。

| 小节作业

"无练习，不演说"，本小节作业分两个步骤：

步骤1，模仿下面"引"的微笑练习图片，每天"引"一百遍，连续练 21 天（见图 4-7）。

图4-7　微笑展示

步骤 2，每天看到不同的人，不管讲任何话，都带着"引"的微笑感觉。你会发现，自己的亲和力在提升，社交关系圈也在不断扩展！

（1）每天"引"一百遍，持续 21 天。

（2）学会在与别人交谈时一直带着"引"的微笑感觉。

第五节　演说互动眼手齐，观众听讲出神奇

很多人在台上演说时感觉特别痛苦，原因之一就是演说完全是个人独白，听众跟他毫无关系，就像一群人看着他，等着他出笑话。这完全有悖演说的本意。演说的本意是什么？是一种一对多的沟通，而一对多的沟通往往来自一对一沟通的累加总和。

| 点面法则

在世界顶尖 CEO 演说教练杰瑞·魏斯曼编写的《臻于完美的演说》一书中讲到，有一个很好的方法可以帮助 CEO 们突破演说恐惧，那就是学会每段话只对一个人讲。具体来说就是，把全场分成几个片段，每个片段选择一到两个比较友善的观众，然后将每一片段对着一个人去演说。事实证明，每一片段的同学都觉得演说者很有亲和力，愿意跟演说者交流。这就是我们的点面法则。一言以蔽之，点面法则，就是由点带动面的沟通，促使演说从一对多的独白变成一对一的沟通。

互动公式

在这个过程中，还需要掌握一个公式，那就是"伸出手 + 微笑 + 眼神 = 活力"。对一个人讲一段话的同时，要伸出手加微笑加眼神，跟他点头互动，这时候你会发现他也会给予你互动和交流。

这样，我们就完成了一次完美的亲和互动，你会发现听众感觉到被关注了，你也感觉被听众认可了，听众频频点头互动，你的紧张感也会逐渐消失得无影无踪。

从今天开始，就学着把演说中的每一段文字分成不同的停顿，我们叫"一段一停留，一停一交流，一交一留情"。每停顿一次，就跟一位听众去做一个伸出手加眼神、加微笑的交流。然后，留一份情感，让他感觉到与你交流了，而不是蜻蜓点水。

相信通过这个方式，今后再站上讲台去演说的时候，不再是一对多的独白、一种痛苦的压抑，而是一对一的沟通、一种亲和力的沟通；不仅演说者感到简单轻松，听众也会觉得简单轻松。

小节作业

"无练习，不演说"，本小节作业分两个步骤：

步骤1，将一段话，例如，"大家好，很高兴认识大家"，分成三个段落。"大家好"，停顿一下；"很高兴"停顿一下；"认识大家"，停顿一下。接着，面对三个不同的方位，每个方位给出一个手势，加一个微笑，加一个眼神。"大家好"，面对一个方位，手势加微笑加眼神；"很高兴"，面对一个方位，手势加微笑加眼神；"认识大家"，手势加微笑加眼神。这样，将一句话分成三个段落，对着三个不同的方位讲。当然，这三个方位也代表三个不同的人，就是我们的自我训练。

步骤2，找一个有三五听众的人群，站在他们面前，讲三五段话。这时候，这三五段话可以再长一点，"大家好，很高兴认识大家，我叫某某某，非常高兴给大家做一个交流。""大家好，很高兴认识大家"，对着一个人讲；"我叫某某某"，对着另一个人讲；"非常高兴给大家做一段交流"，对着另一个人讲。同样也是三个段落，对三个不同的人，伸出手加微笑加眼神。讲完之后，听听他们的反馈，是不是觉得你更有亲和力了？此外，你是不是觉得演说时再也没有那种看着人群的恐惧感了？

还在等什么，抓紧时间去训练！

"学习改变一个人的思维模式，训练改变一个人的行为模式"，我们的肢体动作更多的是行为模式，需要反复训练和雕琢！

第五章　演说的发声

演说面对的是大众，因此演说时必须使用普通话。虽然为了活跃气氛，中间可以穿插一些方言，比如东北方言、四川方言，但这也是为了博得听众的莞尔一笑，演说的终极目的是传授知识、给人以引导、鼓舞人群、树立威望……即使你小时候讲的是方言，但在演说的场合，也要使用普通话。

第一节　发声的统一性魅力

▍普通话的意义

在培训过程中,有些人尤其是传统企业的负责人总是对我说:"哎呀,我普通话不好。"这些人为何会有这样的问题?因为他们都知道普通话的巨大作用。与客户沟通,能说一口标准的普通话,就容易赢得对方的好感。各地都有自己独特的方言,为了做生意,人们自然就会主动向普通话靠拢,即使有些语言带些本地方言的偏向。普通话,对于演说的重要性,更是不言而喻。

普通话是现代标准汉语的另一个称呼,其以北京语音为标准音,以北方话(官话)为基础方言,以典范的现代白话文著作为语法规范的现代标准汉语。说到这里,很多人就会发现,其实最开始的普通话也是地方方言,只不过这个方言是全国人民的必修方言。因此,如果你的地方方言味比较重,也不用自卑,因为全国人民讲的都是地方方言。

推广普通话并不是要人为地消灭方言,而是为了消除方言隔阂,以利社会交际。从小的方面来说,一旦消除了语言隔阂,社会交往就会更加广泛；从大的方面来说，还能消除各地的方言隔阂，好处就更多了。再往深里说，还能出现语言价值的统一化。

本章节关于发声的讲解，核心就是助力内容通过声音传递达成统一性、干净、清晰、韵味、响亮、有底气的声音，让演说内容传递更能直指目标。

小节作业

"无练习，不演说"，本小节的作业如下：

步骤1，找到《普通话水平测试专用教材（第五版）》（作者：普通话水平测试研究组），反复诵读，提高自己的发音正确率。

步骤2，定时观看《新闻联播》等标准普通话发音的节目，也可以找些脱口秀节目看。

第二节 去除口头禅，一招就见效

| 什么是口头禅

口头禅最初是佛教禅宗用语，本意指"未经心灵证悟"，就把一些现成的经言和公案挂在嘴边，装作很得道的样子。演变至今，口头禅成了个人习惯用语的代名词，仿佛未经大脑就已脱口而出。

每个人在平时说话的时候，几乎都会有口头禅，这种习惯会很自然地带到演说汇报的过程中。如果对演说内容不够熟练，或者情绪紧张，口头禅会更严重。

常见的口头禅有很多，每个人可能都不一样，比如，嗯——，额——，就是——，这个——，其实——，实际上——，我觉得吧——，对吧——，等等。

有些口头语，从字面上看，好像不像口头禅，但如果它的使用很不合时宜，重复出现在上下文中不该出现的地方，实际上也是口头禅。

1 口头禅背后的真实内心世界

在公开演说的场合中很多人都会不由自主地加上一些口头禅,有些属于语气词"嗯""啊",有些属于个人表达习惯"这个""那个"。下面就让我们一起来看看不同的口头禅背后的真实内心世界。

(1)经常说"绝对"的人。喜欢说"绝对"的人,一般都比较自爱,如果他们的"绝对"被人驳倒,为了隐瞒自己内心的不安,就会找一些理由来加以解释,总想让自己的东西被人接受。其实,别人不相信他们的"绝对",他们自己也不相信这样的"绝对",只是为了维护自己的尊严而强撑着。

(2)喜欢说"这个""那个"的人。总说这种口头语的人,一般都属于神经过敏的一种类型,他们为人处世谨小慎微,唯唯诺诺,而且,多数人的语言表达能力都很差。极少使用这类口语的人,大都对自己充满了信心,也有较强的毅力。

(3)习惯说"据说""听人说"。有些人之所以喜欢使用此类口头语,是因为想给自己留有余地的心理形成的。他们虽然见识很广,但决断力却不够。处世圆滑的人,多数都喜欢使用这类口头语。

(4)满口都是"我"的人。有些人开口闭口总是离不开"我""我的"等口头禅。在人称语里,常常使用"我"字,表示这人具有儿童或女性的性格,自我显示欲也很强。

(5)经常说"可能是吧""或许是吧"的人。说这种口头语的人,自我防卫本能甚强,不会将内心的想法完全暴露出来。处世待人时,异常冷静，工作和人事关系都不错。当然，也包括以退为进的含义，事情一旦明朗，他们就会说："我早估计到这一点。"从事政治工作的人通常会使用这类口头语。

（6）常说"所以说"的人。喜欢把"所以说"挂在嘴边的人，听起来似乎是善于总结，深究起来远不是这么回事。常说"所以说"的人，一般都喜欢以聪明者自居，有些自以为是。

（7）嘴边常挂着"对啊"的人。日常生活中，没人喜欢别人逆着自己的意思行事，嘴边总是挂着"对啊"的人，表面是一团和气，人际关系也不错，但也许并不是他的心里话。

不要觉得口头禅不是大问题，对于演说的整体表达效果影响不大。演说中出现口头禅，很多时候是紧张和不自信的表现。对于不自信的演说者，作为听众也就不太愿意去全神贯注地仔细聆听了。口头禅事小，听众的注意力事大。想要追求更好的表现力，演说者就必须改掉口头禅这类"小毛病"。

| 哪些词语是口头禅

（1）案例示范

在工作生活中，自己有没有听过别人上台是这样演说的：

"呃，各位同事们，今天，呃我来分享一下，我主要来讲一讲，呃我们工作的呃安排。首先，希望大家能够把今天的工作计划做出来，这个然后呢？然后再把工作中的重难点提出来，然后呢，又遇到一些困难的点，先讨论，讨论后如果发现有不清楚的地方也可以找我来交流，然后要开始抓紧落实了。这个就是呃今天主要的大部分的工作内容了。"

这段话听起来很痛苦，里面有很多"呃""这个""然后"。

（2）口头禅的两大类。

一类是感官词语，例如，"嗯""啊""哦"；

另一类是大量重复出现的连接词，如"这个""然后"。连接词本身并没有错，但大量重复出现"这个、这个、这个""然后、然后、然后、然后"，就是没有"最后"，会让人觉得不堪其扰，特别痛苦。

这些都是口头禅。

如何去除口头禅

（1）巴甫洛夫实验。

这个实验分四个步骤（见图5-1）。

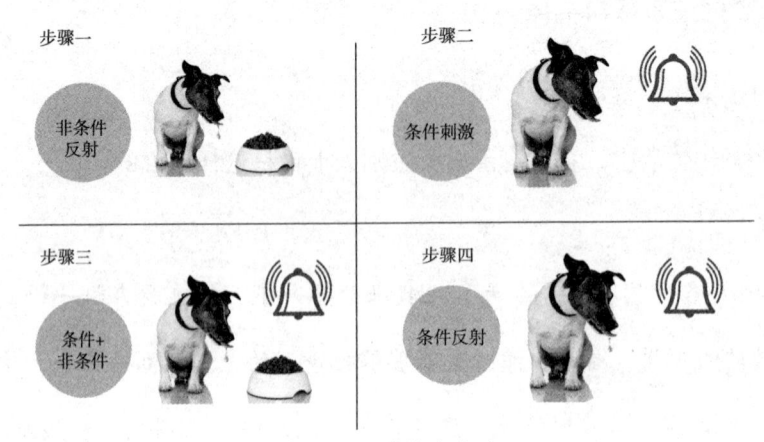

图5-1 巴甫洛夫实验

第一个步骤，让狗看到肉。狗会怎么样？流口水。

第二个步骤，让狗听到敲响的铃铛声，狗会怎么样？完全没有任何反应。

第三个步骤，肉出现了，铃铛声响起了，狗会怎么样？流口水。

反复重复第三个步骤，久而久之，第四个步骤，只要铃铛声一响，狗就会怎样？流口水。

在这个实验中，什么相当于口头禅？回想一下，讲口头禅的时候，自己根本就不会意识到，而是未经大脑就脱口而出。类比刚刚这个实验，狗一开始对铃铛声是没有反应的，后来狗为什么对铃铛声又有反应了？因为有一个非条件刺激，这个非条件就是肉。

（2）达到自我控制的条件刺激

如果想控制自己不再讲口头禅，当自己这样做的时候，就打一下。比如，只要发现自己一讲口头禅，就用右手击打一下左手的手面。打手面很疼，越疼越有效果。

当然，演说的时候打手面，会让人显得有点尴尬，也可以把手放在裤袋里，只要一讲口头禅就掐自己一下，同时把讲的口头禅留心记下来，久而久之，就会形成非条件反射。只要一讲口头禅就会感觉被掐的、被打的地方有点隐隐作痛，口头禅就会慢慢地、自我控制地消除掉。

| 小节作业

"无练习，不演说"，本小节的作业是：

步骤1，找一个话题，做一段即兴演说，只要一讲口头禅，就"啪"打自己一下。

为了发现自己讲口头禅，也可以让旁边的小伙伴提醒你（如果没人提醒你，也可以讲的时候自己录音，然后听录音提醒自己）。当然，也可以给提醒你的小伙伴一些奖励，例如，每讲一个口头禅给他五元钱，他自然就愿意来监督你了。

步骤2，记下了这些口头禅后，再找一个主题做即兴演说。

如果你说4句话以内没有口头禅，就算挑战成功。

第三节 清晰发音，六个绕口令

口型做出来，讲话更清晰

很多人上台讲话，总是含混不清，就像嘴里含着东西一样。即使人们明白你在说什么，也要重视这个问题，因为这样讲话，会降低穿透力，说服力也会降低。

清晰就是一种力量。那么，如何才能吐字更清晰呢？方法很简单，那就是把口型做出来，讲话立刻很清晰。

绕口令是民间汉语语言游戏，又称急口令、吃口令、拗口令等，是一种民间传统的语言游戏。其将若干双声、叠韵词或发音相同、相近的词语有意集中在一起，组成简单、有趣的语韵，要求快速念出，读起来使人感到节奏感强，妙趣横生。

六大经典绕口令

为了更好地把口型做出来，我精心挑选了六大经典绕口令来训练口腔的六个不同部位，帮助我们更好地把口型做出来。究竟是哪六个部位？第一，唇音；第二，齿音；第三，舌音；第四，喉音；第五，分音；第六，爆破音。

（1）唇音。要想练习唇音，可以说说绕口令："八百标兵奔北坡，炮兵并排北坡跑，炮兵怕把标兵碰，标兵怕碰炮兵炮。"这是练习普通话的常用绕口令，也是很多相声小品等人士的练习内容。

那么，唇音该如何训练呢？核心分两步：第一，找到一种"打啵"的感觉。这个时候要感受到嘴唇的力量感，气息是从嘴唇间迸发出去的；第二，拿一张面纸放在嘴唇前，练习这个绕口令，感受面纸在你的手上随风飘扬的这种气动感。

掌握了这两种训练方式后，就可以由慢到快地来练习这个绕口令。练完这个绕口令后，你会发现咬字千斤重。

（2）齿音。为了练习齿音，可以说说这个绕口令："四是四，十是十，十四是十四，四十是四十。"

这个绕口令练习的秘诀在什么地方？读"四"的时候，要用舌头抵着我们的下牙齿槽内侧；读"十"的时候，要把舌头完全地卷起来。

掌握了"四"和"十"的发音要领，就可以用舌头的变化性来练习这个绕口令。

（3）舌音。练习舌音，可以说说这个绕口令："六十六岁刘老六，推着六十六只大油篓，六十六只垂杨柳，拴着六十六只大马猴。"发音的秘诀在于读"六"的时候，需要卷起舌头，用舌尖滑过上颚。这样的读音还包含"刘老六""柳"等。读"十"的时候，需要把舌头卷起来，当整个舌头卷起来后，会完全在上颚下面。

掌握了"六"的发音秘诀，就可以练习这个绕口令了。

（4）喉音。为了练习喉音，就要学习这个绕口令："哥挎瓜筐过宽沟，赶快过沟看怪狗，观看怪狗瓜筐扣，瓜滚筐空怪看狗。"这个绕口令稍微有一点难度，首先要学鸭叫，打开下巴"嘎嘎嘎"，这时候口型横向会变得很大。所以，平时演说时一定要利用下巴打开的优势，让自己吐字更清晰，声音更宽广。

（5）分音。构成复合音的各音，叫作分音。为了练习分音，可以练练这个绕口令："向着苍天歌唱，不要伤心沮丧，不要张狂肮脏，实事求是，茁壮成长。"

（6）爆破音。为了练习爆破音，可以学习一个绕口令，即"噼里啪啦，哈工哈"。

当我们读"噼里啪啦"的时候，会感觉到气息全部由腹部吐出；当我们读"哈工哈"的时候，同样张开嘴巴，气息由腹部吐出。

| 小节作业

"无练习，不演说"，本小节作业如下：

每天练习一个绕口令超过一百遍，速度由慢到快，让自己把口型做出来。相信在不断练习的时候，你会感觉到自己声音成长蜕变的兴奋感。

第四节　韵味十足，只要四个字

| 流水账式 VS 韵味十足

（1）流水账式。在台上演说，多数人的声音都偏流水。什么叫偏流水？就是声音平淡无奇。

语言表达节奏，主要讲的是抑、扬、顿、挫，但挫在讲话过程中使用得不多，所以我们这里特别强调抑、扬、顿。

公众讲话声音平淡，气息没有力量，会产生两个不良后果：一是让听众听不清楚，声音断断续续；二是容易走神打瞌睡，无法集中注意力。演说者将注意力都集中到了所讲的内容上，认为内容写得精彩，自己就会讲得好，结果发现事与愿违。什么原因？就是表达没有节奏，或者节奏不明显、节奏乱。

（2）韵味十足。大家先来读几句诗词：

"想当年金戈铁马，气吞万里如虎"；

"我自横刀向天笑，去留肝胆两昆仑"；

"江山如此多娇，引无数英雄竞折腰"；

"俱往矣，数风流人物，还看今朝"。

读完后品味一下，是不是韵味十足，铿锵有力？读诗词为什么这么韵味十足，讲白话文却平淡如水？因为诗词是有音律的，古汉语中我们叫"五音节"。生活中，经常会听到一个成语，叫"五音不全"，用来形容一个人不太会唱歌，唱歌容易走调。这个方法与白话文讲话韵味十足有何关系？关系真的很大。

| 语调训练，让演说更具感染力

（1）抑扬顿挫的语调。平淡无奇的语调，毫无情致可言，是不可能激发听众的聆听欲望的。如果你的演说，时而波澜壮阔，时而婉转低回；时而轻松欢快，时而慷慨激昂，使演说的语调呈现出多样化色彩，就会更具感染力，引起听众的热情和兴致。因此，要想让自己演说时生动活泼，充满趣味，就要灵活巧妙地掌握和运用语调的抑扬顿挫。即使是一句平淡无奇的语言，以抑扬顿挫的语调表达出来，也可以化腐朽为神奇，让你的演说具有音乐的美感，更能集中听众的注意力。

（2）掌握语速的轻重缓急。语速的变化，也是流露自己内心情感的一种重要表达手段。一般而言，正常的谈话每分钟保持在130字左右。演说时，语速太快，听众就会在理解上产生困难，甚至还会让听众怀疑你怯场，因为内心胆怯时往往会语速加快。当然，演说的速度也不宜太慢，否则会显得演说者有些呆板和愚钝，给听众留下很不好的印象。

演说者的语速要结合要演说的主题、内容、情境以及演说者的心理和情绪来确定。通常来说，语速可分为快速、中速、慢速三种：

当你在叙述一件事情的骤然变化、提出质疑或斥责、雄辩对手、热烈争执时，可以选择快速的语调；当你在表达急促、惊惧、兴奋、欢快、紧张、愤恨情绪的时候，可以用快速的语调。

客观地叙述和说明一件事情，内心平静而起伏变化不是很大时，可以选择中速的语调。

如果要表达抒情的讲话，表达内心的安宁、娴静、庄重的情绪，可以使用慢速的语调；在内心沮丧、悲痛或哀伤的情绪下，也可以选择慢速的语调。

| 韵味十足的方法

讲白话文时，要做到四个字：三五成群。

"五"，就是我们刚刚说到的古汉语中的五音节，"三"则是一个概数。

首先，要学会五字内的停顿。可以一个字停顿一次，可以两个字停顿一次，也可以三个字停顿一次，或者是四个字停顿一次，最多不超过五个字。

语音示范："各位 同学 如何 讲话 铿锵 有力、韵味 十足，核心 做到 四个字：三五成群。何为 三五成群？所谓 三五成群，就是 五字 以内

有效 停顿，立刻 韵味 十足。"

这段话就是白话文，但通过三五成群的停顿，再读一遍，也能听出像古诗词一样的韵味和腔调。

| 小节作业

"无练习，不演说"，本小节作业如下：

步骤1，随意找一段白话文，划分停顿。记住，每个停顿最多不超过五个字。可以一个字停顿，两个字停顿，三个字停顿，只要觉得有利于更好地表达情感，怎么停顿都行，但最多不能超过五个字。

步骤2，前后对比着朗读。

首先，像读白话文或日常讲话那样，不要有任何停顿，像读流水账一样。

其次，按照停顿来读，可以为每个停顿注入一定的语气和情感。这时，你的演说立刻就会韵味十足。

第五节　三腔共鸣，演说更有力

在日常的沟通表达过程中，很多人说："我的声音太单薄，没有穿透力，没有响亮度，没有饱满度，也没有磁性。"怎么办？

通过多种发声方法的学习以及自我实践，我独创了一套"三腔共鸣训练法"，通过三个不同的腔体训练，就能给声音加个喇叭。此话怎讲？

三腔共鸣训练法

（1）喉部的磁性发音："h"+"a"。

缓缓地发出一个音，这个音由两部分组成：第一个部分叫"h"，第二个部分叫"a"。用"h"吐出气，用气流缓缓地冲击声带。具体训练方法是用"h"发出你的气，用"a"发出你的音。这种气泡音，可以让气流缓缓地冲击声带慢慢震动，像冒泡一样。如果你能找到这种感觉，磁性发音也就练成了。

（2）口腔的饱满发音："o"。

感受一下：将手捂在自己的嘴上，捂出一个喇叭的形状，然后讲话，是不是觉得声音变得饱满了、响亮了？

但讲话时又不能用手捂着嘴巴去讲话，怎么办？可以练习另外一个发音，通过口腔，给声音加个喇叭。这个发音就是"o"。试一下："好""我们"，这时候虽然手没被放在嘴上，但是口腔给我们的声音做了一个喇叭，让声音更加饱满。

（3）鼻腔的响亮发音："en"。

把气息从鼻子里发出来"en——"。通过"en"的练习，讲"天""今天"时，声音就会变得更响亮。

三腔共鸣让声音更有磁性、更饱满、更响亮。你掌握了吗？

| 小节作业

"无练习，不演说"，本小节作业如下：

步骤1，通过本体（ha、o、en）发音，每个发音至少要坚持30秒以上，让气息更加持久。

步骤2，进行一段文字的练习。例如，"大家好，欢迎来学习演说"，要用喉部的磁性发音、口腔的饱满发音、鼻腔的响亮发音，三腔合一展现。

第六节 腹式呼吸，底蕴更十足

有些人总是跟我说："老师，我上台分享，只要超过半小时，就会嗓子嘶哑，实在没有力气讲下去，实在讲不动。"怎么办？其实，这完全是扯着嗓子喊的结果。

我最多可以连续讲课五天五夜，只要不感冒，嗓子不发炎，都能持续不断地、魅力十足地表达下去。为什么呢？因为我练就了腹式呼吸的方法。

什么是腹式呼吸

（1）胸腔呼吸。深吸一口气，感觉胸腔在往外扩，整个肩在往上提，就是胸腔呼吸。因为你将整个气吸在了胸腔。

（2）腹式呼吸。深吸一口气，感觉肚子在往外膨胀；呼气，肚子是下瘪的。这时候，你就已经学会了腹式呼吸。一句话总结：腹式呼吸、吸气的时候肚子膨胀，呼气的时候肚子是瘪的，整个胸腔不会出现任何上下和扩张的变化。

那么，如何才能让自己养成这样的呼吸习惯？当我们持久讲话的时候能够把力用在腹部丹田处，不至于把力压在嗓子眼和声带上，使得自己嗓子嘶哑。

| 日常练习的方法

（1）狗喘气。简而言之就是，伸长舌头像狗一样喘气。这样喘气，会感觉到肚子在动。尤其是吸气的时候肚子会膨胀，呼气的时候肚子是瘪的，不信你试试看。

（2）躺着大声读书。躺着的时候，胸腔不太容易动，因为整个胸骨架都躺着，不太容易产生活动。这时候我们朗读，就发现肚子会动起来。这就是腹式呼吸。

（3）说悄悄话。仔细观察就会发现，当你讲悄悄话的时候肚子也会动。

（4）边运动，边唱歌。一边运动，一边唱歌，也会产生腹式呼吸。

| 非常规的训练方式："宝宝抱抱"

连续不停地讲"宝宝抱抱"，10s，30s，——，到最后最长坚持的时间。记住，每次最后都要一次性地把气全部吐出去；同时，要用手把肚子压扁。

通过这样的练习，就能让自己逐渐地进入缺氧状态，而鼻腔呼吸不足以支持我们氧气的需求量，我们就能逐步找到腹式发音的感觉。

小节作业

"无练习,不演说",本小节作业如下:

步骤1,通过日常练习法,找到腹式呼吸的感觉。

步骤2,通过"宝宝抱抱",不停地练习,找到一种缺氧的感觉。

步骤3,随便找一段话去讲述,或者找一首歌去唱,你会发现腹部在进行气息交互。

第六章　会销演说实战

一场好的演说不仅能打动听众，更重要的是能够让听众和你形成合作，或者购买你的产品，抑或是成为你的项目合伙人。那么，如何才能构建这样有魅力、有结果的说服式会销演说呢？对于这个问题，我们通过7节的内容，来逐一进行讲解。

　　会销即会议营销，又称数据库营销，是指企业通过搜集消费者信息，经过分析、建立数据库，然后筛选目标消费者，以组织会议的形式，结合促销方法进行有针对性的营销。

第一节　会销主持三部曲

一场好的会销演说，主持人是讲师的完美搭档，二者之间形成默契配合，效果将会事半功倍。那么，对于主持人而言，开场需要达到哪三个核心的目的？今天我们就来详细剖析。

第一个目的：打破陌生

来到一个陌生场合，无论是听课，还是产生购买行为，大家彼此之间都是陌生的，于主办方而言也是陌生的。

主持人上台后，最需要做的就是破冰。打破学员之间、观众之间的陌生感，打破学员与主持人（主持人当然代表的是主办方）之间的陌生感。而要想打破学员和主持人、学员和学员之间的陌生感，最好的方法就是做互动游戏。

怎么做互动游戏？互动游戏有很多，今天我们来随便举两个例子。

（1）打破学员间的陌生感。为了打破学员之间的陌生感，可以这样说：

"各位亲爱的小伙伴们,我们既然到这里来共同学习和寻找好的项目,那么我相信每次活动我们既希望收获好的知识点和好的项目,也希望收获一群很好的学习伴侣,那就是我们身边的小伙伴。

"请各位小伙伴们看看你左边和右边的小伙伴。跟你左边的小伙伴握手说:'你好,我叫某某某,很高兴认识你!'跟你右边的小伙伴握手说:'你好,很高兴认识你,我叫某某某。'我们给大家3分钟时间,看看哪个小伙伴能够在最短时间跟更多的人握手交流,认识更多的人。3、2、1,抓紧开始吧!"

经过这样的互动,全场就能立刻热闹起来,你一言我一语,整个现场立刻就能完全打破冷冷的、彼此都玩手机的陌生感。

(2)打破主持人(主办方)和听众之间的陌生感。为了打破主持人和听众之间的陌生感,也可以设置一个互动方式,可以这样说:

"我想问一下各位,大家知道我们今天来参加活动的主题是什么吗?如果谁能够在第一时间举手告诉我,我们会给他一个特别的小礼品。"

这时候,大家就会立刻来寻找现场凸显出今天核心主题的标志性的东西;而且,刚刚彼此已经建立了学员之间的熟悉感后,往往更乐于展示自我。这时候,听众与主持人之间或与主办方之间的陌生感也会被打破。

同样,还可以举一个比较有趣的例子。

大家觉得今天的主持人长得怎么样？我们可以用主持人和身边讲师的海报对比一下，你觉得哪个长得更帅一点？觉得主持人帅的，请举手示意一下；觉得讲师长得帅的，请举手示意一下。

其实最好的答案是"一样帅"，谁都不得罪。当大家哈哈大笑时，听众与主办方或主持人，甚至与讲师间的陌生感都已经被打破了。

一定要记住，开场打破陌生感的最好方式是：做游戏。平时可以积累一些打破人与人之间陌生感的小游戏。一旦将游戏做起来，氛围自然就嗨起来了。

第二个目的：建立信任

彼此玩得很嗨，相互熟悉了，但并不代表听众就信任你。比如，对于平台公司或主办方来说，举办这么一个平台活动，大家能不能对平台产生信任，决定了今天结果的一半。

为了与平台构建信任感，这里有个很好的方式，那就是播放平台的宣传片，因为高格调的宣传片能够在一瞬间建立听众与平台的信任感。

第三个目的：塑造价值

塑造价值的本质核心有两点：第一是塑造讲师的价值；第二是塑造课程主题的价值。

首先，塑造讲师价值。为了塑造讲师的价值，可以播放一段讲师的个人宣传片，展现讲师的个人头衔、个人在这个领域的研究成果，包括以往讲师服务过的一些企业和平台。放宣传片效果会更好！

其次，塑造主题价值。关键是要讲清楚，这个主题能给大家带来什么好处。例如：

我们今天来学演说可以给大家带来什么好处呢？第一，突破演说恐惧，随时随地开口就讲；第二，建立肢体魅力，让我们一上台，举手投足间绽放个人无限魅力；第三，构建逻辑思维，让我们到哪儿讲话时都能有头有尾、有条理。

小结及案例示范

第一步，打破陌生。打破小伙伴之间的陌生，打破小伙伴与主持人之间的陌生。

第二步，建立信任。建立小伙伴与平台主办方之间的信任。

第三步，塑造价值。塑造小伙伴对课程的价值，对讲师的价值。

案例示范

各位亲爱的小伙伴，大家下午好，欢迎大家来到魔脉实战演说沙龙活动。

为了保证今天下午大家彼此能够有一个熟悉的学习氛围，首先我们来做一个互动小游戏。

请各位小伙伴拍拍左边小伙伴肩膀，跟他说："你好，很高兴认识你，我叫某某某。"然后，再拍拍右边小伙伴的肩膀跟他说："你好，很高兴认识你，我叫某某某。"

现在身边左右的小伙伴都认识了是不是？前后的，还有隔壁的隔壁，要不要认识一下？下面给大家两分钟时间，看谁能够在最短时间内认识最多的小伙伴，我们来次现场的挑战 PK 赛。

好，各位小伙伴刚刚通过一个小的互动方式，彼此都熟悉了，那么接下来将会有怎样的收获？首先为大家来介绍一下魔脉演说。魔脉演说是一个什么样的平台？到底能够给大家带来哪些收获？是谁创建了魔脉演说呢？我们先来看一段魔脉演说创始人铁军老师的演说介绍视频。

（一段视频就放出来了。放完之后）今天，我们重点来学习什么主题？我们今天来学习的主题是演说有条理。很多人一上台讲话没头没尾、没条理，或者是到很多场合都不知道怎么讲，有时候讲出来就跟流水账一样了然无味。今天我们将会分享一个万能演说公式，让你学完之后在多场合自由切换使用，而且演说有头有尾、有条理，讲完之后收获掌声一片。

各位知道今天这个主题是谁来讲吗？接下来，我们来看一段今天讲师的精彩介绍短片。好，现在就让我们以热烈掌声有请我们本次×××老师闪亮登场，掌声有请！

小伙伴们，刚刚我们做了一个模拟的现场主持人演说展示，大家感觉怎么样？各位回去你也可以试一试。

| 小节作业

"无练习，不演说"，本小节作业如下：

步骤1，按照主持人开场三部曲，写一下你的全稿主持。

步骤2，举办一场活动。实在不行，就找三五个小伙伴，或在公司内部，或是你熟悉的客户，实际应用一下，感受一下这样的开场能不能让听众对你的活动充满期待，打破陌生感，建立信任感并塑造价值感。

第二节　开口问好能量满

讲师上场后，如何通过第一声问好就能建立满满的能量感？方法其实很简单。

通过前面的介绍，我们知道，心理学中有个著名的 NLP 六层次理论，即组织、身份、信念、能力、行为和环境。合理运用这个理论，不仅能让演说者不再紧张，还能让演说者浑身上下都充满正能量。具体方法就是演说者一开口就问好。

NLP 六层次理论告诉我们，想让对方如何行动，就要给这个人贴上怎样的标签，因为身份指导行为。因此，当你站到台上的那一刻，就可以通过贴标签的方式去向听众问好，让听众跟着你的思想和要求去进行自我定义。相信，只要身份正确，听众多半都会用行为来更好地配合你。

举个例子。如果我们现在要开展父母课堂，台下坐着一群爸爸妈妈，讲师如何才能一上场就开口问好能量满，给家长们贴标签，让他们按照标签身份来配合，并产生一系列的行为呢？可以像下面这样开口问好。

各位最具爱心、最具行动力的爸爸妈妈，大家上午好！

为什么说大家最具爱心？你们来到父母课堂，就是对孩子爱的一种表现，因为只有成长自己，才能更好地关爱孩子。给自己一个热烈的掌声。

为什么说大家又是最具行动力的爸爸妈妈？因为大家不光把爱放在心里，更重要的是用行动践行了自己的爱。你们来到这里，参加了课堂，自己去亲身学习、去改变，然后用自己的改变去帮助孩子改变。这份行动力见证了我们的爱不是口号，而是有效呵护孩子的结果。再次给我们最具行动力的爸爸妈妈们一个热烈的掌声。

可以发现，通过爱心和行动力两个标签的锚定，爸爸妈妈们就会认为："今天的学习是有爱的，而为了满足这份爱意，我需要付出更好的行动力。"如此，整个课堂上就爱意浓浓、行动力满满。

当然，我们还可以贴其他一些标签，例如："最爱学习的各位家长朋友们，大家上午好！"同样，也可以用一段论述来展现家长朋友为什么是最爱学习的。贴上这样的标签，现场的学习感觉也会非常地饱满。

简而言之，开口问好能量满的核心是给家长贴标签，通过贴标签让他们身份指导行为，从而与讲师形成很好的配合。

本节作业

"无练习,不演说",本小节作业如下:

步骤1,拟定2~3个关键性词语,当作你希望听众能在现场配合你行为改变的方向。

步骤2,把每个关键性的词语通过一段话的论述变成一个小的微型演说,当作开场震慑听众的能量。

第三节　开场三问动力足

|用提问的方式开场

提问的方法用法广泛，常见的在开场主持中就会被经常使用到。会销演说时，很多人都会习惯性地用提问的方式作为开场。

使用这种方式开场，操作简单，适用场景广泛；如果问题提得好，还能快速活跃气氛。但这个方法有利有弊，如果问题提得不好，很容易出现冷场。

我们来看两个例子。

甲：一个做财富管理的演说者，开场先提问："现场有多少人希望自己获得财务自由？"现场人士几乎全部举手，因为每个人都想要获得财富自由，这是一个好的提问开场。

乙：一个卖煎饼果子的创业者，开场先提问："现场有吃过我们的煎饼果子的朋友，请举手？""有吃过还想再去吃的，请举手？"这样的提问就非常危险，因为很有可能完全没有人举手。

所以，如果想用提问的方式开场，就要非常谨慎地去设计出好问题。

|开场三问的方法

通过开场发出三个问题,也能让听众充满学习的强大动力。

核心分三个步骤:第一步,提出问题;第二步,告知方案;第三步,给到好处,问题+方案+好处。

当然,这种循环你可以连续做三次。通过三个不同的问题,展现三个不同的方案,得到三个不同的好处,最终服务本次分享的大主题。

举例。

(1)演说示例。

各位同学,我想做一个调研,在平时的日常工作、生活中有遇到:突然上台演说,内心会很紧张、忐忑不安,上台之后会有点语无伦次,大脑一片空白,整个人会讲到全身冒冷汗?有这样感觉的请举手示意一下。

如果今天我们通过身份改变的有效方法可以帮助大家克服演说恐惧,从而能够镇定自若地站上讲台侃侃而谈,各位想不想了解?想了解的请举手示意一下。

各位有没有发现,我首先提出了问题:紧张。然后提出方法:身份改变。最后得到了好处:镇定自若、侃侃而谈、自信满满。你发现没有,你的动力被提升了一下?

当然,也可以再抛出一个问题,再给到一个方案,再给到一个好处。

（2）健康示例。

平时生活中，很多人都有这样的困惑：有时觉得全身乏力，走路没精神，觉也睡不好，甚至还有失眠多梦的感觉？其实，通过一种心灵疗愈的方法，就能放空自我，获得身心的宁静感，从而拥有更好的睡眠。

同样是通过问题、方案和好处三者联合互动，激发听众的内在强大的需求动力。问问题是给他痛苦，给方案是给他方向，给好处是给他所期望的美妙结果。所以，用这三种方式构建出开场三问，就能激发出听众内心的强大动力。

| 小节作业

"无练习，不演说"，本小节作业如下：

根据我们介绍的开场三问，设计出不同的三句话，把它们组合在一起。第一句话讲问题，第二句话讲方案，第三句话给好处。然后，可以找三五个好友去实践一下，看看互动效果如何。

第四节　讲师介绍分量足

讲师在台上如何做自我介绍，才能凸显自我价值？

开场时主持人已经为讲师介绍了头衔，报了一大堆，那么讲师怎么介绍自己？再从头报一遍，会不会让别人觉得你在自吹自擂？怎么办？

其实，只要掌握讲师介绍的两大核心秘诀，不仅能凸显自我价值，还会让听众钦佩不已。是哪两个秘诀呢？第一叫专业研究，第二叫实践成果。

| 专业研究

首先，要做个匠人。今天很多人都会表达一个观点，即没人喜欢推销者自吹自擂，所有人都崇拜和信任在某个领域一直钻研的匠人。因此，我们国家也在弘扬匠人精神。如果你一上来就说，大家好，我是魔脉创始人。别人就会很不屑："你是创始人，我还是某某公司总经理呢！""就你是总经理？总经理太多了。"这时候，完全可以换一种说法，讲讲自己的专业研究："大家好，我是一名品牌演说教练，从事演说训练实践至今已有13年了，一直在这个领域扎根研究和实践。"如此，听众就会佩服你是一个专注做学问的人。

努力挖掘自己的专业、研究时长，给别人一种钦佩感。这就是专业研究。除了时长之外,还可以展现自己的研究成果。例如:"我通过 13 年的研究,打造了一套'敢、能、会'的三阶个人品牌演说训练体系。咱们还有自己的学术体系,今年年底我们的第一本书将要首次面世。"听众听到你还要出书,就会觉得你有匠人精神。

| 实践成果

实践成果,就是你的专业成果是不是孤芳自赏,能不能带来实际的社会价值。比如:

"至今为止,面授学员达 4 万余人,学员口碑好评率达 99% 以上,大部分学员都来自于学员的口碑转介绍!"

"铁军老师不仅是匠人,还获得了学员的高度认可。"

如此,这就是在阐述匠人精神带来的实践成果,并没有去吹嘘自己的各种头衔,只是用实践成果证明了自己的研究成果的有效性。

因此,作为讲师,在台上要记住从两个维度展现自我价值:一个是你的研究成果,一个是你的实践成果。

| 小节作业

"无练习,不演说",掌握本小节的核心方法了吗?还等什么?本节课的作业就是从研究成果和实践成果两个维度去阐述自我价值。

你可以在日常的社交活动中进行实践,讲出来后看一看别人会不会对你有一种钦佩感,还是单纯讲头衔会让别人觉得你很土呢?

第五节 五式模型建架构

演说整个结构由五个"式"来组成，分别是难事、趋势、模式、故事和成事。那么，在五式中贯穿始末的核心准则是什么呢？那就是人类一切行为的动能本质。人类一切行为的动能本质，其核心就是一句话，"逃离痛苦，追求快乐"。"五式"中贯穿始末的，是需要让大家感知到变化的好处，也就是变的快乐和不变的痛苦或不变的坏处。

了解了核心原理后，我们来逐一剖析五式。

| 难事

难事分两点：第一，行业乱象；第二，痛点故事。

何为行业乱象？所有商业结构的产生，所有产品的诞生，都是为了解决行业中存在的问题。因此，我们要用行业乱象展现出一个需要自己出现的机遇。所谓痛点故事，就是从大的宏观角度落到微观的角度，就是痛点故事，也可能是你自己亲身经历的痛点故事。

比如，俞敏洪老师讲他为什么会创建新东方？因为他想出国留学，结果总是被拒签。他通过一个具象的自己的痛点故事，启动了第一个难事，让大家产生了共鸣感。

当时,俞老师的故事背景,整个行业的乱象是什么?就是很多人都想出国。很多人不一定能出国,不一定能够去留学。这是第一件难事,通过宏观行业乱象,通过微观个体痛点故事,激发出大家的痛点共鸣感,就是痛苦。

人的改变要么追求快乐,要么逃离痛苦,要先通过难事展现一种痛苦,让大家产生改变的冲动。

趋势

有了痛苦后,就要从趋势的角度给大家指明方向。关于趋势角度,我们着重从两个方面来讲。

(1)政策榜样。有没有国家的政策支持?有没有国外的已经成熟的案例供我们学习或模仿?如同前方已经有了太阳的照耀和指引一样,我们也愿意去往前追寻。

(2)有了政策和保障,我的机遇在哪里?其实就是快乐。快乐展示的是一种曙光,让我们找到可以解决痛苦的方向。

模式

具体怎么解决?应该如何落地?这里就涉及了模式,其核心共有两点。

(1)解决方案。在这种趋势下,应该用怎样的解决方案来解决上面遇到的问题？比如，俞敏洪老师自己被拒签了，总是出不了国，于是他就成立了新东方。用新东方这样一个公司提供一整套出国留学解决方案，帮助大家解决了上面提到的难事中的痛点问题。

（2）体系课堂。针对这样的解决方案，到底该如何帮大家一步步落地，这叫体系课堂。因为消费者的购买意愿都是由认知升级而带来的。体系课堂的背后是，我们应该给消费者导入哪些观念，让他一步步认知到我们方案的有效性。

故事

有了这样好的解决方案，有没有人去尝试过、从中受益过？我们称之为受益故事。既可以是自身的受益故事，也可以是身边朋友的受益故事。只要自己发生了改变或身边朋友改变了，就能生发出一种使命感，我们称之为分享使命。

就像有人从事保险行业，可能是因为自己在一次重大疾病中享受到了保险行业带给他的福祉，内心萌生出一种使命，要帮助身边更多的家庭用保险来保障他们的生活，在故事中完成升华。

别人听你故事时，虽然脸上挂着微笑，却目光迷离，你也不知道人家在听还是没在听。原因很可能就是，你的故事跟对方无关。只有讲跟对方有关的故事，才能赢得人心，这也是我们所说的共鸣。

不同段位的人，引起对方共鸣的层次不同。

第一层的共鸣来自共同语言。这种共鸣最简单，比如共同的经历、背景、目标等。

第二层的共鸣来自共同的感受，比如痛苦、喜悦、愤怒、难过等。这也是史玉柱等商界大佬更喜欢谈失败的经历。因为每个人都有过失败的经历，而像他们那样的成功，一般人都没有经历过。成功是在空中总结出来的东西，不接地气，而失败的时候，是摔到地底下，甚至被人踩到土里去，这时候总结出来的东西是接地气的，更能获得共鸣。

第三层的共鸣来自价值观层面，也是最高级别的。价值观层面的共鸣看似很虚，其实每天都在左右着我们的选择，比如爱、坚持、努力、目标导向等。高段位讲故事的人很容易引起听众价值观层面的共鸣。

| 成事

成事分两点：第一，产品展示；第二，客户见证。

产品展示。可以给大家展示一下，可以通过哪些产品的购买，或者以什么角色身份加入这个项目，或者成为市场合伙人，或者成为股东合伙人。这叫产品展示。

客户见证。所谓客户见证就是，别人加入后获得的有效成果，再次激发了大家的行动力。当然这也是一种快乐的行动力激发。

可见，从难事到趋势，从趋势到模式，从模式到故事，从故事到成事，通过这五式，不断地激发大家的动力，就能让大家一步一步环环相扣，启动内在的强大的需求感。

小节作业

"无练习,不演说",本小节作业如下:

结合你的行业现状,结合你的公司产品,结合你的公司模式,设计一套属于自己的五式会销结构。

五式会销结构,环环相扣,逻辑紧密,帮大家呈现出了主体部分。

第六节 对手分析有妙招

在五式模型中，难免提及竞争对手，因为任何一个行业、任何一个商业想法，你都永远不可能是第一个或唯一一个做的人。那么，到底该如何分析竞争对手，与自己拉开差距，从而让用户认知到你的差异价值？

| 忌损对手

有些销售员在推销产品的时候，会问我们，隔壁家怎么样？隔壁家不行、太差了。

通常，说对手坏话会带来三个非常严重的后果：

（1）贬低客户。如果顾客正好购买了对手的产品，你侮辱对手，其实就是在侮辱你的客户，你说对手傻，其实就是在说客户傻，因为他被对手销售过。这就是损对手的第一大害处。

（2）自损人品。乐于讲别人坏话的人，人品也不会好到哪里去。只要坏话讲出口，你的人品也就荡然无存了。

（3）失去信任。讲坏话属于一种负能量，很难带给别人真正的正能量的信任感。如果有人每天在你面前讲张三长、李四短，讲不同人不同的坏话，你怎么可能相信他？坏话是一种流言蜚语，会带来信任危机。

| 两个拉开差距的方法

既然不能讲对方坏话，那么到底怎么跟对方拉开差距呢？这里我给大家分享两个有效的方法。

（1）人无我有。别人没有的东西，你只要有，你就是强的。例如魔脉，我们不是一个单纯做演说的平台，我们是用演说帮助5年到8年以上的职场中高管和创业者、企业家打造个人的专业影响力。所以，我们有一个别人没有的东西，那就是个人的专业影响力的打造。这就叫人无我有，可以立刻拉开我们和他人的差距。

（2）人弱我强。就是别人弱的地方，但是我能做得强，这也是我们的优势。例如魔脉，强调小班化辅导，虽然对方也是小班化，但对方的小班有30多人，而魔脉的小班只有10人。我会给学员逐一辅导点评，在每个人身上花至少五分钟的时间进行现场点评交流。而对方可能不会花时间给每个人点评，老师讲完之后学员自己练习，可能会得到助教的一点建议，而我会让每个学员都获得我的亲自指导。

通过人无我有、人弱我强，就能很好地跟对方拉开差距和形成优势。如果你不知道对方有什么，自己又有什么不一样的地方能做到人无我有、人弱我强，就可以通过头脑风暴，把自己的优点全部写下来，同时写下对方的优点，然后再去找人无我有、人弱我强的部分。

经过这样不断地打造，相信我们与对手的差距会越拉越大，凸显出自己的核心竞争力。

▎小节作业

"无练习,不演说",本小节作业如下:

假设五一假期各商超都在搞促销,你是做家电小产品销售的,如果消费者来找你咨询,或者旁敲侧击地问你同行的电磁炉如何,你会如何回答?

第七节　结尾成交连环计

在结尾处，要通过环环相扣的成交手法，让顾客在最后下订单。

那么，如何一步步推演？这里，跟大家分享这两个模块：第一个模块是成交的心法，第二个模块是成交的手法。

| 心法

成交的心法核心只有一句话："成交一切都是为了爱！"

这句话最早出自世界第一名汽车推销员乔·吉拉德。当年他在北京给学员培训时，对台下的学生说过这句话。这句话让很多人受用终身。如果说，什么东西能够使一个人不害怕被拒绝，每天都去疯狂地行动，这个东西就是爱心。

很多人之所以不敢成交，是因为觉得会挣别人钱。我们都不好意思拿别人的东西，往往更愿意给别人东西，愿意付出一种爱的呵护。所以，进入成交环节时，要反复默念这句话。重要的事情讲三遍。

如果你依然在恐惧客户拒绝你，其实大多数情况，还是在用自私的心态面对客户。成交的前一秒，很多人想的是"成交了，能赚多少佣金"，说话自然就没底气。要想把客户谈好，一定需起心动念，从只为了自己的利益过渡到去帮助他人。

比如，你可以跟客户讲，你不跟我买，最多会让我们暂时失去一点利润，但如果你现在不会成交别人，又不去学习正确的成交方法，未来的一年甚至一生，都很难在个人收入上有所突破。

| 手法

手法如何落地？这里有个五步连环计。每一步都以经典话术串联在一起，一气呵成。

第一招，再次确认。我们的话术是这样的：

"真的想怎么样？举手确认一下。"这里，共包括三点：第一，"真的想解决什么问题的请举手确认一下""真的想获得什么好处的请举手确认一下""真的想通过这样的问题实现人生新的使命和愿景的，请举手确认一下。"从问题解决，到变成好处，到逐步升华成个人的事业使命；从逃离痛苦，到一步步追求快乐，激发大家的内驱力，这叫再次确认。

第二招，反推门槛。

为了保证良好的学习效果，为了保证大家能够更好地参与这份事业，我们也设定了一些选拔标准。标准一般从三个方面来建立：

（1）相信改变。首先要相信，相信拥有相信的小伙伴。

（2）自身条件。例如学习演说时自己有时间、愿意去公开场合展示自我。

（3）帮助他人。学完后能不能把它变成个人的一种兴趣爱好？同时深化成你的使命去帮助更多人变得更好。

第三招叫无价塑造。

想一想，拥有产品后，你会怎么样？这样的感觉好不好？在这个环节，我们要记得一句话，"价值不到价格不报"，这是一个不断塑造价值的过程。

想象一下，当你拥有产品后你会怎么样？从哪些方面来想象？第一，好处的细化；第二，前后的对比；第三，量化的数据。通过这三个方面，就能有效地进一步塑造价值。这叫无限塑造。

第四招叫假设成交。

所谓假设成交，就是假设你已经购买了，你会怎么样？话术是这样的："如果我们只需要投资多少时间，或者投资多少钱，或者只需要做一个简单的决定，你就能获得什么样的好处，你愿意吗？"

通过假设所需付出的成本，撬动未来的好处，让别人感受到：好处来临后，今天的付出并不大，甚至是微不足道的。既可以获得更多的好处，也能激发其内在动力。

第五招叫三限原则。

动力激发到最高点，怎么收尾？通过三限原则来收尾。

（1）今天我们现场有一个特惠价，这叫限价。

（2）我们只有几个名额，这叫限额。

（3）我们必须在现场多长时间内才有这样的机会，这叫限时。

通过三限来激发观众的快速行动力，从而有效地获得结果。

当然，结尾还要用一句话来锁定："真的希望拥有这样的名额，拥有这样的优惠价格的小伙伴，现场能够成为我们的合伙人，购买我们产品的小伙伴请举手示意一下。举手的小伙伴可以到我们前台，我们还有特别大的礼包相送……"

最后这里还埋了一个炸弹，有一个特别大的礼包，更能形成一个很好的再次触动效果。

小节作业

"无练习，不演说"，这是我们本节课最后的家庭作业。

可以试着使用一下学到的方法，看看它的效果，不断地迭代优化，我相信你最终能获得让自己满意的成交话术！

结束语

在这本书中,我们提出了演说工具的概念,希望大家能在这里找到演说的核心基本功和小技巧。

记住,高手和业余选手最大的差别在于什么地方?高手学习的是基本功,业余学习的是花招。

我们不追求术的无穷尽,只追求基本功的简单明了的扎实训练!

生活才是修炼场,阅读完这本书后,大家反复强化练习。

最后还有一句话再次分享给大家,"无练习,不演说"!

反复练习,期待每个人都能成为舞台上那一位绽放魅力光彩的演说家。

期待有机会线下面对面交流!